品质决胜

人人必学的十五个品质工具

李践 —— 著

中华工商联合出版社

图书在版编目（CIP）数据

品质决胜 / 李践著 . -- 北京：中华工商联合出
版社，2019.2（2023.6重印）

ISBN 978-7-5158-2438-3

Ⅰ.①品⋯　Ⅱ.①李⋯　Ⅲ.①企业管理－通俗读物
Ⅳ.① F272-49

中国版本图书馆 CIP 数据核字（2018）第 285861 号

品质决胜

作　　者	李　践
责任编辑	吴建新
封面设计	水玉银文化
责任审读	郭敬梅
责任印制	迈致红
出版发行	中华工商联合出版社有限责任公司
印　　刷	三河市燕春印务有限公司
版　　次	2019 年 4 月第 1 版
印　　次	2023 年 6 月第 5 次印刷
开　　本	880mm×1230 mm 1/32
字　　数	150 千字
印　　张	7.75
书　　号	ISBN 978-7-5158-2438-3
定　　价	45.00 元

服务热线：010-58301130
团购热线：010-58302813
地址邮编：北京市西城区西环广场 A 座
　　　　　19-20 层，100044
Http：//www.chgslcbs.cn
E-mail：cicap1202@sina.com（营销中心）
E-mail：y9001@163.com（第七编辑室）

再版自序

　　2008 年，金融风暴蔓延席卷至全球各行各业，许多企业陷入经营困境，在这个背景下，我们写作了《定价定天下》《高绩效人士的五项管理》《砍掉成本》《要么品质要么死》《摇钱树》等系列企业管理工具书，希望能够帮助企业家们安然度过"经济寒冬"，努力实现利润倍增。

　　10 年后的今天，时空剧变，奇点临近。商业世界正在以前所未有的速度发展、变化，乃至被重新定义。创新与坚守、转型与取舍、"互联网+"与传统产业，这一组组看似互补又有些充满悖论感的对比，乃是今日企业管理面临的新常态，更说明了身处变革的十字路口，我们的企业发展面临形势之严峻。

经济总量急速上升与用户需求急剧收缩的矛盾

随着工业化大生产的推进，生产效率得到大幅提升，人类平均在 10 秒钟内生产一辆汽车，人类社会的物质生产实现了从未有过的繁荣。与此同时，物质匮乏所激发出的人性的贪婪正在消失，人们对物质的渴望早已不像过去那么强烈。购物使人幸福的时代已经结束，"断舍离"的生活理念在一二线城市日渐风行。

中国民营企业时刻面临着经济全球化的竞争与挑战

当今的中国，外企早已深入每一个行业角落，整个世界的竞技场已被拉平，每一个企业都必须直面来自全球的竞争。比如，哪怕微小如巴比馒头这样的早餐店，也必须日日面临着来自肯德基、麦当劳的竞争。

大变动中蕴含着永恒之常道，终极真理背后涌动着变化与新生。面对这样的经济形势和竞争环境，我们对企业家们有以下建议：

第一，回到原点，回到路径

一定要透过表面看本质。本质是什么？就是事物发展的根本规律，回到事物发展最核心的第一性原理。有些企业发展的路径是无法省略的，并没有捷径可走，这就要求企业重新复盘，回到原点，以终为始，找到企业发展的初心，回到发展路径中，反思自己所遇到的障碍和问题，找寻自己的优势与欠缺之处。对于已走的捷径，必须及时把课补上，否则迟早会因此付出代价。

第二，重新定义，系统思维

企业要健康发展，必须是一个完整的生命体，要做到耳聪目明、思维敏捷。企业像人体一样，只有手的力量不行，只有两只脚也不行！在用户管理、人才管理、成本管理、产品管理等核心环节和关键部位必须做到绝对"健康"，不能"生病"。这就要求我们必须要有系统性思维，不能头疼医头、脚痛医脚。

第三，从偶然到必然，回到第一因

当我们遇到失败、挫折、障碍，以及意料之外的事情，我们都认为那是偶然的，比如遇到一个客户投诉，是偶然的；订单被退回来了，也是偶然的……这是错误的，在企业家的世界里，没有偶然思维，只有必然思维，偶然性里面包含着必然的结果。必须回到第一因，抓到事物的根本，找到偶然性中的必然因素，才能从根本上解决问题。

企业管理万变不离其宗，开源和节流是企业永远面临的两个问题，需要双管齐下，同时进行，并形成一套环环相扣的生态系统，所有的劳动要素和资源要集合在一起进行全盘思考，而不能单独考量、顾此失彼。我们必须抱定初心，死磕产品、死磕效能、死磕用户、死磕成本、死磕营销，尽锐出战，久久为功，才能在日益激烈的竞争中寻得一丝先机。

经过这10年的沉淀，我将自己近30年的管理经验与大家再次分享，同时对书中的企业管理方法进行了全新的升级。我把这些方法运用在我的工作和企业日常管理当中，我们的利润在倍增，我们的生命力、公司的竞争力在持续地不断提升。这一切，都得益于书中所提到的管理精神。

　　我们争取用战士的语言讲述战斗，用极简的图文表达管理。

　　因为我相信：大道至简，行胜于言！

李　践

2018 年 6 月于行动教育上海校园

目 录 CONTENTS

第一部分

品质决定成败

一个国家可以因品质而复兴，也可以因品质而覆灭；一个企业可以因品质而脱颖而出，也可以因品质而瞬间消亡；一场战争可以因品质而决胜千里，也可以因品质而一败涂地。

第一章　品　质　无　敌

　　我一直在思考一个问题：经营企业的万事万物中，决定成败的关键是什么？在如今向多元化和多极化发展的世界上，能无敌于天下的是什么？

　　最终，我用30年的管理实践得出答案——品质。

第一节
品质复兴一个国家

 日本的崛起

第二次世界大战后的日本经济崩溃，百业待兴，日本人正在寻找一切方式、用尽一切努力去开拓经济复兴之路。可是，小国资源匮乏，人力奇缺，自己的优势在哪里？竞争力又在何方？

一个人的出现改变了日本的命运，这个人是美国的管理学家戴明。

1950 年 7 月 13 日，日本的科技工业协会举办了一场讲座，这场讲座吸引了全日本著名的 23 位商业巨头，他们控制了日本 80% 的商业资本。作为主讲人之一，戴明在会议上反复强调一点，日本要想实现经济振兴、成为经济大国、赶超美国，必须要靠品质！戴明直言：

"不要复制美国模式，而是要建立质量管理机制，五年之后，你们将超过美国！"

"五年之后超过美国"，这对于当时的日本人来说，简直是天方夜谭。战争已经毁坏日本国内的一切，还有比这更糟的吗？既然戴明开出了一剂药方，即使是毒药，在无计可施的情况下也只能冒险试一试。

从 1951 年开始，日本工业科技协会设立了产品品质最高奖项——戴明奖。20 世纪六七十年代，日本企业又提出了一系列品质管理的措施和方法。

仅仅 20 年的时间，戴明的预言成了现实，日本经济靠品质实现了战后复苏的奇迹，日本制造以优良的品质享誉全球，日本企业打败了美国公司！

高品质带来高价值，高价值带来高利润，日本刮起戴明旋风，戴明被日本人尊奉为企业之神、日本经济的救世主。

因此，品质问题绝不是小事，而是关系到一个民族、一个国家生死存亡的大事。

当今世界上，政治军事纷扰不断，全球经济形势扑朔迷离，欧美仍然处于欧债危机、美债危机的旋涡中，金砖国家也处在经济转型的过渡期，我们的企业面对如此多的不确定性，如此多的挑战，有太多无力逆转和不可控因素，但唯一可以把握的，就是打磨自己的尖刀。

企业的尖刀是什么？

那就是提升自己的品质，品质才是硬道理！

 100-1=0

第二次世界大战期间，美国空军需要大量的降落伞。当时，降落伞质量的不合格率已经控制到了千分之一以内。应该说，这个差错率，即使现在许多企业也很难望其项背。

然而，苛刻的美国空军仍然不能接受，他们提出一个不可思议的差错率——百万分之一！降落伞制造商非常不理解，认为现在这个程度已经接近完美，美国空军是在无理取闹，于是到空军总部理论。谁知，美国空军负责人却一口回绝，斩钉截铁地说："品质没有商量！"

美国空军为什么如此苛刻？因为一个降落伞打不

开，就意味着很可能失去一个人的生命。在如此艰难的战争中，培育一名优秀的空军飞行员多么不易！美国空军发了狠话："如果差错率达不到百万分之一，那唯一的办法就是所有降落伞生产出来以后必须抽样检测，检测的方法是——降落伞公司的管理人员自己穿上跳下去！"

从那天起，美国的降落伞不合格率被控制下来，从千分之一变成了百万分之一。

这个故事告诉我们，品质问题是关乎生命的大事，某些产品的品质可以让一个人生，也可以让一个人死；可以让一群人生，也可以让一群人死。

在 2008 年 "5·12" 汶川地震中，也有很多品质奇迹发生。北川希望小学被网民誉为 "史上最牛的学校"，因为地处北川、江油重灾区的这所希望小学，在如此强烈的地震冲击中，教学大楼屹立不倒，无一垮塌，师生全部安全！其实这样的情况比比皆是：相邻的两幢楼房，一幢在地震中已经成为一片瓦砾，而另一幢只损伤一点皮毛。

　　事实告诉我们，在自然灾害中，如果建筑物的品质再高一些，很可能就会保住更多生命。

　　在生产产品过程中，我们的企业有这样的意识吗？松下幸之助曾说："对产品来说，不是 100 分就是 0 分。"生产品质低劣的产品，哪怕只是 1%，也仍然等于谋财害命，而这样的企业，生命也会马上结束！

 "第三次世界大战"的武器

　　石家庄三鹿公司，曾经是中国乳制品行业龙头企业，连续六年入选中国 500 强企业、福布斯中国百强企业，蝉联乳业品牌第一名。这是一个年收入 100 亿元，员工三万人的集团企业，即使这样的庞然大物，因为一场品质危机，也难逃覆灭的命运。

然而，三鹿的倒下绝不仅仅影响一个企业，而是波及整个中国乳制品行业。因为三鹿事件，中国的乳制品行业险些遭遇"灭门"：光明直接经济损失 3.4 亿元，伊利损失 1.26 亿元，蒙牛损失达到了 9.46 亿元，光明股票市值损失了 129 亿元，伊利股票市值损失了 184 亿元，蒙牛的股票市值最高损失达到了 552 亿元！

与此同时，洋奶粉对国产品牌"群起而攻之"，"围剿"中国本土乳业。国外企业在毛利率已经高达 60% 的条件下，悍然集体提价 15%，中国乳制品企业好不容易打下的半壁江山，一夜之间丧失殆尽！

三鹿虽然"死了"，但它一直"阴魂不散"。进口奶粉趁机获得了前所未有的机遇，从 2009 年至 2015 年的六年间，不仅跨境电商和物流为代购、海淘提供了购买进口奶粉的便捷渠道，许多海外奶粉品牌也在借机进入中国市场。当时，八成以上的国内消费者认为，国外奶粉品质优于国内奶粉，除了安全方便的原因，在奶质、配方、生产上都比国内奶粉强。人们情愿购买高价的洋奶粉，甚至有人连奶瓶、奶嘴都从国外购买，中国宝宝从出生开始，就被迫接受了"洋味道"。

美国现代质量管理协会主席哈林顿这样描写过：现在，世界正进行着一场"第三次世界大战"，这不是一场使用枪炮的流血战争，不是细菌战，不是核武器战，不是冷战，而是一场商业战，这场战争的主要武器就是品质。谁的品质好，谁就能赢得这场战争，谁就掌握统治世界经济命脉！

第三次世界大战的武器

中国要赢得这场"战争",中国的企业要掌握话语权、掌握定价权,没有其他的办法,只能在品质上下功夫。品质就是"世界战争"的武器、最先进的武器!

品质就是利润

在美剧《欲望都市》里,女主人公萨曼莎走到一家奢侈品店,想买一个皮包,当她为一款红色的凯莉包而疯狂时,店员说这个包要卖4000美元!一向对衣着不惜重金的萨曼莎也被这个高昂的价格惊呆了,当她问什么时候才能拿到这个包时,店员说:"先登记,然后等五年!"萨曼莎再次惊呆了。

为什么一个包如此牛气冲天?因为品质。美剧里这个奢侈品店的原型是爱马仕,这个诞生于1837年的品牌,因为品质而赢得了全世界消费者的追捧,以至于爱马仕品牌已经成为品质的代名词,一件商品要想标榜自己质高物美,最好的方式就是自称"××中的爱马仕"。

所有的商家都会强调产品品质,而爱马仕对品质的要求却近乎变态。爱马仕使用的皮革原料,除了有指定的养殖场外，还有专门的采购人员在各大拍卖会上收购上等皮革。然后，皮革工厂的工匠再对皮革进行精选、分类，从中选出皮革中最好的部分进行切割，专门用于皮包的制作。

在全球任何一家爱马仕专卖店订购的产品最终都会在法国生产，比如一个凯莉包的缝制就需要至少 20 个小时，整个包的制作流程平均需要三个月的时间，而且每个包扣上都有制作者的编号。

我曾亲眼看到这样一个场景：一个皮包将要售出、将要找到新主人的时候，爱马仕制作厂里的一位老工匠反复摩挲着这件皮包，久久不忍与它分开，像是与亲人

分别。为什么？因为这一针一线都凝结着他们的心血。

2017 年全球最具价值的十大奢侈品品牌中，路易威登和爱马仕分别以 22919 亿美元和 14210 亿美元的品牌价值名列第一位和第二位。尤其难得的是，爱马仕较 2016 年品牌价值增长了 11%，是这十大奢侈品品牌中，增长速度最快的品牌，而其他八个品牌的价值都有不同幅度的下降。

品牌价值增速的背后，是消费者对其品质的信赖与信心。在爱马仕的经营理念中，金钱关系并没有被视作品牌价值的核心，爱马仕的前任 CEO 帕特里克·托马斯（Patrick Thomas）曾表示："我追求的不是奢侈，而是质量。"这的确是他们长久以来强调的特质。在爱马仕出现的地方，总是反复宣讲优质皮革和对传统手工制作工艺的坚持，使其在很长一段时间内，都占据着奢侈品行业中最顶尖的位置。

同样是一件服装，有的厂家卖几十元，有的却可以卖到几万元，甚至几十万元，靠的就是品质带来的附加值。

品质提升了品位，品质光大了品牌。

品质、品位与品牌的共同作用，产生了强大的财富效应，产生了源源不断的利润。

品质就是战略

品质与企业战略是什么关系？对这个问题的回答同样很多：有人认为产品品质与战略是相匹配的关系；有人认为品质是战略落地后的产物；有人认为战略是因，产品是果，二者是因果关系。

这些回答均是从企业内部视角理解产品与战略的关系，但是如果切换到用户的视角，我们就会发现品质与企业的经营战略其实是相等关系。换句话说，产品的品质就是战略，战略就是产品的品质。

用户并不了解一家企业的战略，他们能感受到的永远是企业的产品。一家企业，无论其选择的战略是走价值创新道路，还是成本领先战略道路，都要通过其产品的品质给用户创造独特的价值。只有高品质的产品，才能让用户尖叫，占领用户心智，最终赢得用户信赖，这也是一家企业逐渐在市场上形成核心竞争力的原点。

从这个角度理解产品的品质，就有些类似于跆拳道比赛中的终极绝招。在跆拳道比赛中，有很多具体的得分规则，比如，运动员用脚踢中对手的胸，可以得一分；用脚跳起来踢中对手的头，可以得两分；身体在空中旋转后，再踢中对手的头，可以得三分。按照这些得分规则，一个好的跆拳道教练就会训练运动员各种踢打的动作，一旦运动员上场，心中想的就是如何踢中对手的头，从而得到高分。

但是，真正的高手并不采取这种打法，他们并不踢对手的头，而是踢对手最脆弱的部位——肋骨。一旦弱点被击中，对手就会昏倒在地，胜负已分。因此，真正的高手会利用数百万次的反复踢打练习，努力修炼一个终极绝招，达到一击即中的效果。

企业同样如此，无论采取何种战略，最终都要拿出自己的“绝招”，唯有专心于提高产品品质，打造出真正的爆品，才能一举击中消费者的心。只有这样，企业才能在企业发展的道路上走得步履坚实。

第二节
蔓延的品质危机

 从国王到奴隶

日本多家知名企业在 2017 年频频发生造假丑闻，令人震惊，其中影响力最大、最令人难以接受的，莫过于"神户制钢"事件。

神户制钢所是日本第三大钢铁企业，创建于 1905 年，以钢铁制造业、锻造业起家，目前在全球钢铁公司中排名第 53 位，号称日本制造业的"隐形支柱"之一，是日本精密材料制造技术优越性的最佳例证。

2017 年 10 月神户制钢被爆出数据造假，神户制钢承认修改了产品的强度和耐久性数据，从 2016 年 9 月至 2017 年 8 月底，先后违反合同篡改了产品强度和尺寸等质量数据，涉及其中的产品包括铝制零部件 1.93

万吨、铜制品 2200 吨、铝锻件 1.94 万件，约占铝和铜
业务年销售额的 4%。

这次神户制钢造假事件引发了供应链下游的强烈
"地震"。据日媒报道，神户制钢所将篡改数据的产品
供应给 600 多名客户，影响了包括丰田、本田、马自
达、三菱等车企。

日本经济产业大臣世耕弘成表示，这些丑闻辜负了
社会各界对日本制造的高度信赖，动摇了企业公平交易
的基础。

欧洲流传着一首民谣：
少了一个铁钉，丢了一个马掌，
丢了一个马掌，伤了一匹战马，
伤了一匹战马，败了一场战役，
败了一场战役，亡了一个国家，
所有的损失都是因为少了一个马掌钉。

在品质面前，不能有任何侥幸心理。也许，你的产
品有一千个、一万个、一亿个都是好的，可是在品质管
理的细节中一旦有一次失误，就中了致命一刀！仅仅这

一次品质问题，就可能成为企业的终结者，让你的企业从"国王"沦为"奴隶"！

中国的品质之惑

秦池酒厂是 1940 年创立的老牌酒厂，1996 年花费 3.2 亿元巨资竞标成为央视标王。此后，年产值从 7500 万元飙升到 9.5 亿元。然而在 1997 年，秦池被曝出勾兑酒事件，引发品质危机。1998 年，秦池在中国酒业中逐渐消失。

南京冠生园于 1918 年创立品牌，2001 年媒体报道冠生园大量使用霉变和退回馅料生产月饼，举国震惊。2002 年，南京冠生园提出破产申请。

三株公司于 1994 年成立，到 1996 年资产增长 2000 倍，有 6000 多个子公司、2000 多个办事处，营销队伍达到了 15 万人，年销售额 80 多亿元，净资产 48 亿元。1998 年，常德的一位老人喝了三株口服液后死亡，其家人起诉三株公司。三株败诉，企业遭受灭顶之灾。2000 年，三株大厦"崩塌"。

　　不管国家名牌还是行业龙头，不管曾经多么风光无限，不管历史多么悠久，不管品牌多么享誉中外，不管销售渠道多么广，不管产量多么大，无数血的教训证明，如果企业只顾把产品推出去，不顾品质，那么这家企业的名字不久就会在市场上消失。

　　三聚氰胺奶粉、豆腐渣工程、苏丹红鸭蛋、劣质疫苗、问题胶囊、"楼脆脆"事件……每一次品质危机的

爆发，都是对行业乃至整个中国企业界公信力的责问，牵一发而动全身。回首三聚氰胺奶粉的一家之祸，让整个国产奶粉行业丧失了巨大市场份额，洋奶粉趁虚而入，这样的教训应该是中国企业界的一帖清醒剂。

品质是一个国家、一个行业、一个企业的命脉，是一个人工作、生活、学习、健康的源泉……如果中国制造就是劣等货和假冒货的代名词，中国人每天都与各种低品质产品为伴，过着低品质的生活，那么中华民族还谈什么屹立于世界民族之林？

品质的"战火"已经烧到了家门口，我们还浑然不觉？企业家和管理者应该率先反思：拿什么去面对全球竞争？是廉价的劳动力，还是资源的损耗？不！绝对不是这些！

中国的企业要想突破，企业、行业和国家都要把品质放到战略层面，必须从品质这一关来突破，提升中国制造的品质迫在眉睫！

第二章 品质是什么

"品"有三个口，人人都说好，每个有购买体验的客户都满意，才是真的好。"质"有"斤"字摆在钱（贝）上面，所以客户会斤斤计较。我们生产的产品，提供的服务，都应该物有所值，并保证没有次品。

所以，品质就是产品要让客户满意，符合标准，零缺陷。

第一节
品质是人人都说好

2017 年 9 月 13 日，苹果公司发布了新一代的苹果手机：iPhone X。然而，大量行业分析师认为 999 美元的定价太高了，不会有消费者为此买单。

可是，根据 2018 年 5 月苹果发布的第一财季报告显示，iPhone 在第一季度销量为 5220 万部，仅增长了 3%，但 iPhone 的收入却突破了 380 亿美元，同比增长 14%。很显然，iPhone X 贡献了大部分的收入增长。相比之下，全球智能手机市场都在萎缩，只有 iPhone X 逆势上扬。

为什么 iPhone X 卖得那么贵，还能如此成功呢？

答案就是苹果公司对产品质量近乎疯狂的要求，以及对新技术的不断追求。比如说 Touch ID 技术，刚推出

iPhone 5S 的时候指纹传感器零部件还比较贵，其他竞争对手还无法进入高端机的竞争，所以这款手机有理由卖更高的价格。苹果通过高质量的零部件，打造出极高品质的产品，而消费者也愿意花高价为创新买单。

按照苹果掌门人库克的说法，这是对传递的价值收取合理的费用，而且是利用市场领先的"创新"来换取价值。苹果长期专注于打造综合体验最好的高端手机，因此在高定价情况下消费者也心甘情愿为其买单，不断打造"果粉"神话。

回想前面那些令人震撼的品质案例，让我们重新思考品质的定义，品质到底是什么？

品质是最好吗？不是！苹果手机绝不是世界上最好的手机。

品质是无限满足客户的需要吗？不是！想无限满足客户的需要，世界上任何一家企业都做不到。

品质就是质量过硬吗？也不全是！质量再好的手机，如果售后服务一塌糊涂，服务人员对顾客爱理不理，也不会有人去买。

对于一个企业来说，没有品质的管理，谈不上管理；没有管理意识的品质，谈不上真正的品质。

　　每个行业有不同的行业标准，但不论你是制造型企业，还是服务型企业，品质流程大同小异。虽然说隔行如隔山，但品质意识却是相通的，重要的不是行业，而是管理的标准、流程和执行力。

第二节
品质是企业家的人品

创造了联想神话的柳传志，在一次论坛上又一次亮出了他的独特观点：管理者的境界有多高，企业就能走多远。

柳传志强调的境界包括两个"度"：一是做人的态度，二是看问题的高度，而做人的态度是第一位！在总结自己的特质时，柳传志说："诚信、名誉远比金钱更重要。"

创造了 GE 神话的杰克·韦尔奇也说过类似的话：我相信企业的卓越和具有竞争力，是与诚实、清白和快乐完全相容的。一个全球化的公司，不靠贿赂也能获胜。

这是一种品质。

美国曾经有一本畅销书叫《百万富翁的智慧》，书中对美国 130 名百万富翁的调查结果表明，成功的秘诀在于诚实、有自我约束力、善于与人相处、勤奋。

个人品质被摆在了第一位。

在一次颁奖典礼上，柳传志非常感慨地说过这样一句话：曾经跟我同台领奖的著名企业家们，现在大部分都已销声匿迹了。

近些年，国内一些企业家尽管积聚了三代、四代都花不完的财富，但产品品质问题频发，企业寿命连一代也支撑不了，这样的结果多么令人惋惜。

那么，什么是致命原因呢？

答案只有一个：企业家个人品质差！

有些企业家到目前仍然认为钱可以摆平一切，有的企业家则认为，赚钱就是要敢于打破社会公德，财富就是要靠做假账、生产伪劣产品才能快速获得。然而，一个失去了公众信任的企业，也就失去了客户基础；一个失去了社会信任的企业家，实际上已经被社会所抛弃。没有客户，企业靠什么发展？财富靠什么积累？

　　企业的品质是企业家品德的体现，一个没有品德的企业家，是不可能带领企业成长的。

第三节
品质是五颗"心"

 砌砖工人的境界

我曾看过这样一个故事。

有人问正在砌砖的三个工人："你们在做什么?"

第一个工人不开心地嘀咕："你难道看不见我在砌墙吗？"第二个工人有气无力地说："唉，我正在做一项每小时两美元的工作。"第三个工人哼着小曲，欢快地说："朋友，我正在建造世界上最伟大的教堂。"

这三个工人让我联想到企业里普遍存在的三种人：第一种人，对工作牢骚满腹，自我设限，总是在抱怨和找借口；第二种人，工作就是混日子，得过且过，对工作缺乏激情，不主动；第三种人，积极进取，对待任何工作都充满热情，乐观向上，永远看到好的一面，而且永争第一。

品质不只是企业家的人品，也体现着企业中每一个员工的责任心。当一个人在生产一种产品或提供一种服务的时候，他创造出来的产品，就是他个人品质的体现。

什么是一个人的优秀品质呢？责任心、良心、爱心、细心、用心……做任何事情都要将"心"注入！

风靡全球的电影《泰坦尼克号》中最感动人的是爱情故事，但我觉得这部影片最让人感动的不是爱情故事，而是那个与船一同沉没的船长，他的表现就是一种管理者的人品。

一个人，拥有责任心，才能做到不管遇到什么情况，也要克服困难将产品品质做到最好，并保持对用户的产品承诺和服务承诺始终如一。

一个人，拥有一颗良心，才会做到诚信、不欺诈，对违背道德规范、骗取金钱的事情深恶痛绝，才能做出高品质的产品。

一个人，拥有一颗爱心，才能设身处地为顾客着想，真诚为他人服务，才能让客户满意。

一个人，只有细心，才能生产出符合标准的产品，保证不出质量问题，减少差错率。

一个人，只有用心，才能不断提升自己，不断提升产品和服务的质量。

因此，品质不是简单的概念，更多的决定因素是人，是领导这个企业的人和组成这个企业的人，通过大家的共同努力，达到产品让客户满意、符合标准、零缺陷的目的。

一点也不夸张地说，产品品质就是企业的生命线。

离开了品质的差别，就无所谓好产品与坏产品，无所谓价值的高与低，企业也就没有必要再坚持产品战略聚焦和"专、精、深"。

正是在这个意义上，我们才说企业一定要像保护生命一样捍卫产品品质，因为产品就是人品，品质就是企业的生命。

第三章　管对才会有品质

品质的定义很简单，很容易掌握，然而人们对品质的认知却很难。

每个管理者都会强调品质，但是很多管理者对品质的认知却停留在"学龄前"。他们自以为很重视品质，但我在深入企业调研和自己经营企业的过程中发现，一些中国企业家对品质的了解不但模糊不清，而且还存在形形色色的认知误区。

第一节
品质管理的六大误区

讲一个品质管理大师克劳士比亲身经历的故事。

在 20 世纪六七十年代，ITT（国际电报电话公司）是世界排名第九位的明星企业，但在副总裁克劳士比眼里，ITT 的管理者对品质的认识却停留在"学龄前"水平。

在一次由被誉为"美国第一 CEO"的哈罗德主持的高管会议上，集团各大总裁都到齐了。开会必然要有争论，而这次争论的矛头直指品质管理，负责销售的老总首先开炮："真要命，我们的产品质量还是很差，还有很多投诉！"

负责品质管理的克劳士比是如何应对的呢？他指着主抓设计的老总说："我们品管人员从来不去设计产品，

对吗?"设计老总点了点头。"我们从来不去采购产品!"采购老总也点了点头。"我们也从来不去销售一件产品,不去制造一件产品,那么,我们是干什么的呢?我们是解决问题的。千万别指望我们一出手就能解决一切问题,我们应该学会一种方法,从问题的出处和源头谈品质管理!"

克劳士比的话不知道是不是被所有人理解了,但哈罗德理解了。品质不仅仅是品管部门的事情,而是整个系统的事情;品质管理不是事后弥补,而是事前控制。

从此以后,ITT 开始总结过去的品质失误,公司一举成为全球的品质标杆。

根据多年来做企业管理工作的实践,我总结出企业在品质管理上存在的六大认知误区。

误区一,没有标准,以差不多为原则;

误区二,提升品质和成本是对立的;

误区三,品质问题只是一线工人的事情;

误区四,销量比品质重要;

误区五,成本永远比品质重要;

误区六，失误率和品质无关。

误区一：处处都是"≈"

你知道中国最有名的"人"是谁吗？这个"人"可是人人都认识啊。

胡适先生在一篇文章里揭晓了谜底：他姓差，名不多，是各省各县各村人氏，是中国人的"代表"。

"差不多先生"有一双眼睛，但经常看不清楚；有两只耳朵，但听得不是很分明；有鼻子和嘴，但对气味和口味都不很讲究；他的脑袋也不小，但记性不太好，思想也不够缜密。他常常说："凡事差不多就好了！"

"差不多先生"小时候，妈妈叫他去买白糖，他却买了红糖回来。妈妈责怪他，他却摇摇头说："白糖红糖都是糖，都差不多嘛！"读书的时候，老师问他："在北京西边是哪一个省？"他回答说是陕西。老师说是山西。他听到以后说："陕西和山西不是差不多嘛？"后来工作了，他在一个当铺里当会计，经常把十记成千，或者把千记成十。老板责怪他，他觉得很委屈：十

和千就是多一撇、少一撇，差不多嘛！

后来，他生病了，要找王医生，但家人没有找到王医生，只找到了汪医生，但汪医生是兽医，他觉得也差不多。于是，汪医生用治牛的方法给他治疗，"差不多先生"因此一命呜呼！临死前，他用最后一口气断断续续地说："活人和死人，也差不多！"

胡适先生在 1919 年就提出，中国的文化中有一种通病，就是"差不多"。中国人的性格是大而化之，"大概""好像""差不多""马虎""随便""将就"，是中国人的常用词。而我们有很多企业管理者、很多企业员工，心里面对品质的要求也都是"≈"的概念，抱着差不多的想法。

差之毫厘，谬之千里！品质没有差不多，如果都是差不多，那品质就千差万别了。

差不多的处事方式是导致"差不多先生"悲剧人生的根源，差不多的思想是导致当时国家衰落的主因，对品质差不多的态度是一个企业失败的关键。从现在开始，我们必须端正态度，打破品质不可能完美的固定思维，认真做好每一个生产步骤。

误区二：品质＝血拼

有家铸造件工厂，其生产中翻砂是一道必不可少的工序，但翻砂过程中必然会有气孔砂眼，这就需要补焊。这家工厂本来有两个焊工，但随着业务量增多，人手不够用了，厂长就向老总要人。后来，焊工的数量达到了12个，而且三班倒都忙不过来。这家企业年产值是3000万元，但它的利润是多少呢？5万元！虽然只是区区5万元，可当时同行都是负数，他们居然能赚钱，所以老总认为自己的方法没错。

　　这一天，厂长又向老总要人，老总发火了："这样下去不行，你自己想办法吧！"也许是"置之死地而后生"，厂长就开始想别的招。

　　厂长先去问翻砂工："你们有没有一次性就翻砂成功的情况呢？"翻砂工笑着回答："头儿，如果没这两下子还叫翻砂工吗？"厂长听到这个答案，很惊讶地问："那为什么总是需要补焊呢？"翻砂工们笑着说："哎呀，你看这么多的活儿，出错总是难免嘛。况且，我们要不出点错，那些焊工干什么呢？"厂长恍然大悟。

　　于是，厂里修订了质量规范。他们首先安装了一个预防系统，然后召集全体员工从技能和意识方面做培

训，最后建立奖惩机制。这天厂长亲自宣布："从今天开始，我们要第一次就把事情做对，我要求你们在半年之内，把那12个焊工给我减回两个，而且工作时间要恢复到八小时之内！"半年以后，公司成本下来了，厂长惊讶地发现，账面上居然有25万元利润！

在我们很多企业当中，有一件事，说起来最重要，做起来变次要，关键时刻没必要。谜底是什么？就是品质管理！

品质管理的又一个误区是品质越高，成本越高。

很多企业家一谈到品质，就觉得是昂贵的象征，以为推行品质管理必然费用惊人，让企业成本急速上升。

其实这种想法错了，什么是品质？品质是产品让客户满意、符合标准、零缺陷。

零缺陷是什么？第一次就做到位，没有返工，没有缺陷，其实这样成本更低。例如美国施乐公司，在推行全面品质管理的前六年，生产成本降低了20%！

同时，品质的提升既带来高价值，又带来客户满意度提升，客户满意度又会激发客户的忠诚度，给企业带来更加稳定的利润。

因此，品质管理是节省成本、提高价值、提高利润。

误区三：品质的错在一线员工

有一位学员跟我说过这样一个案例。

他的企业是一家生产型企业，为了保证品质，公司规定如果发生质量问题，品管员有权对生产员工进行罚款，每次罚款 50 元。品管员开出的罚款单，生产部员工必须签字确认，如果拒签，罚款就会翻倍。有一次新产品试生产，时间从晚上 8 点持续到第二天早上 5 点。在这次试生产过程中，一个操作工被品管部门罚了 150元，当时这个操作工的月基本工资是 900 元，一次就罚掉他工资的 1/6！

这样一来，生产员工普遍对品管员非常抵触，公司的品管员成了所有员工的"敌人"，甚至出现品管员上夜班时被生产部员工殴打的情况。品管员很委屈，因为公司对品管员也有任务要求，每个月要开出多少张罚单，否则要扣掉品管员的绩效工资！

在这家公司，品管员没有坚持过半年的。曾经有段

时间，三个月换了六个品管员，而且生产部员工也经常离职，更令人头疼的是，产品不合格率仍然没有降下来。

品质问题是一线工人的错吗？

兵家有"运筹帷幄，决胜千里"的说法，一场战争的成败，在短兵相接之前就已经决出了胜负。战争的失利，往往不是因为前线的士兵不卖力、不拼杀，而是因为指挥、决策和战略上的失误！

因此，品质的第三个误区就是认为品质是一线员工的事，跟办公室的白领不沾边，更和管理者没关系。凡是出现品质问题，马上归咎于生产部门，归咎于一线员工，拿品质管理专员开刀。

这位学员还向我抱怨："主要是公司的人力资源部办事不力，招不到素质好的生产工人，员工的素质差，不罚不行！"

我告诉这位学员，要罚款，应该先罚你自己！

所有的品质都是人做出来的，品质等于企业家的人品，等于企业领导者的决心和管理水平，它来自于我们的流程、我们的标准、我们的机制、我们的管理。

品质管理是从上到下的，品质"战争"的决定因素不在前线。你没有建立流程和标准，没有建立相应的机制，没有用心去提高员工的品质意识和责任心，这不是你的失误吗？

误区四：销量>品质

福特汽车有非常经典的成功案例，也有非常经典的失败案例，下面这个失败案例就是品质管理失误的案例。

1968 年，福特汽车公司决定生产一款"斑马"汽车，原计划三年半下线，由于想快速抢占市场、增加销量，生产周期被强行压缩成两年。在批量生产前，厂里对 11 辆样车进行了撞击测试，结果有八辆没达标，另外通过的三辆，也是经过油箱部分改动后才通过测试。

于是，福特汽车公司面临着抉择——要么更改油箱设计，推迟生产时间，一年后上市；要么继续生产，按规定时间上市销售。

做了大量研究之后，福特汽车公司得出结论：立即上线销售。他们认为增加销量带来的利润，远大于次品的负面影响。

然而，事与愿违，1968—1977 年，约有 700～2500 人由于"斑马"汽车的质量问题死于车祸，由于"斑马"事故而对福特汽车公司的起诉高达 50 起。其中，著名的"詹姆斯诉福特汽车公司案"中，福特赔偿了 1.25 亿美元；"理查德诉福特汽车公司案"中，判决福特除赔偿 300 万元之外，罚款 1.25 亿美元；"朱迪姐妹诉福特汽车公司案"中，福特汽车公司被指控犯有杀人罪……直到 1978 年，福特汽车公司被迫召回 1971—1976 年间生产所有"斑马"汽车，进行油箱更换。

是追求短期的销量，还是保证品质，在于企业决策者的一念之差。然而，选择销量大于品质的企业，往往会一败涂地！

在我们现在的企业界，急功近利的思想影响依然很大，我们太渴望成功了，甚至为了成功而忽视了产品质量。对于企业来说，急于求成会让我们陷入销量大于品质的泥潭！

一个企业不能在销量至上的狂热中去盲目地开拓客户、开拓市场，盲目地生产产品，这是杀鸡取卵、本末倒置，只能加速企业的死亡。

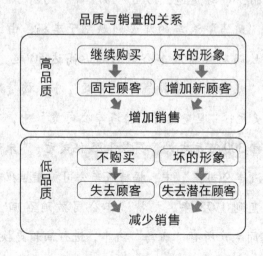

品质与销量的关系

误区五：砍成本比品质更重要

"我们驾驶着一辆雷克萨斯车……我们向北行驶……速度120英里……油门卡住了！我们有麻烦了！刹车没用了……我们正驶向岔路口，没路了，快到路口了，祈祷，快撞上了！噢！噢！"

2009年8月，美国人马克·泰勒驾驶丰田雷克萨斯汽车，在高速公路上因为油门卡住而突然加速，导致汽车失控，车上四人全部遇难。以上是他最后的录音。

这段被称为"死亡录音"的音频，被美国媒体广泛传播，而此时处在风口浪尖上的，正是刚刚成为全球第一大汽车厂商的日本丰田汽车，这次事故让丰田深陷"召回门"。

其实，"丰田召回门"不仅是技术上的漏洞，本质上是思维方式的失误，如果车上加装"刹车优先系统"就可以避免那个惨剧。可是，"刹车优先系统"会给每部车增加大约50美元的成本。丰田为了节省50美元，导致召回近千万辆汽车，估计损失超过20亿美元，品牌形象损失更是无法估量。

大家都知道，丰田汽车之前的成功，恰恰是品质第

一的成功。然而，在后期，为了成为汽车业的霸主，他们提出"从干毛巾里面拧出水来"的原则。

干毛巾能拧出水来吗？

在企业管理工作中，是成本第一还是品质第一呢？要从干毛巾里拧出水，其实就已经把品质放在了第二位，甚至是第三位。干毛巾拧水，就要控制成本，节省每一分钱，于是就节省了加装系统和功能。

很多企业在口号上将品质放在第一位，但是当考虑到花费的时候，就是成本第一了。然而，我们真的计算过品质的成本吗？

有这样一句话：打预防针没有钱，买棺材给足钱！在常规的成本中，我们并没有包含返工、报废、保修、库存和变更等不增值的活动，这反而掩盖了真正的成本。

在制造业，这种代价高达销售额的 20%～25%，服务业则高达 30%～40%，而更多的则掩盖在冰山之下，属于无形的资产损失——商誉的丧失、客户的流失、销售机会的错过，以及过多的库存等。

这些，都是隐藏在财务报表外的更大的成本杀手！

砍掉成本是一种管理智慧，但是砍掉成本绝不是以牺牲品质为代价。

误区六：失误率 ≠ 品质

2003 年 2 月 1 日，绝对是人类航天史上最悲惨的一天！

当天上午，当万众瞩目的美国哥伦比亚号航天飞机返航的时候，万千美国人却突然从电视屏幕上看到了难以置信的一幕：蓝蓝的天空上出现了一个很大的火球，顷刻间划出一道长长的弧光，接着一个火球变为两个、三个、四个火球，随即划出两条、三条、四条长长的弧光，随着弧光消失……哥伦比亚号航天飞机失事了！七名宇航员全部遇难，价值 30 亿美元的航天飞机变成了残骸雨，美国承受了 80 亿美元的损失！

这架 1981 年就建成的美国航天"元老"，二十多年穿梭太空 28 次，每次都顺利凯旋，然而这次是因为什么而功亏一篑呢？调查报告出来了：造成飞机爆炸的原因是一块隔热板脱落撞击，导致航天飞机左翼形成裂孔，高温气体乘虚而入，造成航天飞机解体。

直接原因就是这块隔热板。

在一架航天飞机上，有两万块隔热板，其中一块脱落，仅仅是两万分之一的失误。然而一旦发生了，就是 100% 的损失，是全人类航天事业的损失，80 亿美元的损失！

在一些人的观念中，总认为人无完人，金无足赤，别说千分之一、万分之一，连百分之一的失误都不算什么，这样的观念有多么可怕！

一个产品，哪怕是 1% 的次品，对客户来说，就是100% 的损失！一个产品的任何一个零件如果有 1% 的次品，对这个产品来说就是 100% 的次品！

如果允许有 1% 的失误，一架有 450 万个零件的波音 747 飞机，这个失误率就意味着有 45000 个零件出问题。一架航天飞机，有 580 万个零件，1% 意味着将会有 58000 个零件出问题。我们还做过一个计算，如果有 1% 的失误率：

- 每小时有 20000 封邮件丢失；
- 每周在一个大型城市有 5000 台手术失误；
- 全球机场每天有四次事故；
- 全球各大城市每月有七天停电。

当你在开车的时候，有 1% 的失误会怎么样？可能发生事故，事故可能酿成灾难，而灾难就是这个微不足道的 1% 造成的。

想想看，如果世界上任何事情都是 1% 的失误率，世界末日是不是真的到了？

因此，品质不允许有任何失误。

品质工具 1：克劳士比品质误区

克劳士比认为，"被品质问题困扰的组织"有以下几个问题：

● 产品和服务时常与自己的承诺或客户的要求不一致；

● 存在许多修修补补的工作和"救火"行为；

● 制度要求不清楚，实际上就是允许大家犯错误；

● 不知道不符合要求会产生的真正代价；

● 管理者往往在寻找各种借口，而不肯正视问题的根源。

第二节
预防重于纠错

 品质不能依赖于检验

　　从前有父子俩，各自背着一袋大米在沙路上行走，父亲因为年迈被路边的石头绊倒，大米洒到了沙路上，儿子急忙把带沙子的大米装回口袋。回到家后，儿媳把大米里的沙子拣了一遍，便下锅蒸饭。吃饭的时候第一碗米饭盛给父亲，父亲第一口就吃出了沙子，便很不满意，让儿子又重新拣了一遍，但是蒸熟后仍然吃出了沙子。没办法，父亲又亲自拣了一遍，结果还是同样吃出了沙子。

　　这个故事说明，品质不能依赖于检验。那么，品质管理要靠什么呢？

　　这需要我们转变对品质的另外一种认知：品质是靠

预防来提升的。

预防，这个医学界习以为常的字眼，第一次被品质大师克劳士比用于思考品质管理。

克劳士比在做品质管理时惊讶地发现，原来他每天所热衷的工作竟是不断地挑拣、修补、重做和"救火"！于是，他困惑了：如果我是一名医生，当病人躺在我面前，让我来检查和判定他是否死亡或患有重病，判定医生的手术到底把多少剪刀、纱布遗忘在病人的肚子里，然后进行统计分析并进行修补，这一切不是很荒唐吗?

在品质管理当中有一句名言：预防重于纠错。品质管理不在于纠错，因为所有的纠错都要付出代价，所有的纠错都会给客户造成损失。

品质工具 2：成本分布表

在一个产品生产过程中，它需要几个环节：设计、生产、销售、客户服务，从投入的成本分布来看：

- 第一环节设计：1%~3%；
- 第二环节生产：50%左右；
- 第三环节销售：30%~40%。

这时，支出的成本达到了总成本的 80%~90%，产品销售出去以后，到了客户手上，如果再发现品质有缺陷，这时候给客户造成的损失就是 100%。反过来，公司的损失也是 100%，因为这时候你的核心成本已经支付完毕了。

因此，品质管理越往后，损失就越大，成本越高；越往前，损失就越小，成本代价越低。

第一次就把事情做对

1790 年，俄国与土耳其的战争打得如火如荼。伊兹梅尔是土耳其的一个超级要塞，易守难攻，俄军连续进攻数次均告失败。在撤换了几名将军之后，苏沃洛夫上场了，他以摧枯拉朽之势拿下了这座久攻不下的城池。

苏沃洛夫为什么能做到呢？因为他制订出在当时来

说是"胆大包天"的计划：用 10 天时间，一次性攻占伊兹梅尔。

这一计划震撼了整个俄军指挥部，苏沃洛夫告诉所有的俄军将领和士兵："如果我们的方法不对，即使再用两个月也拿不下伊兹梅尔；如果方法得当，只用一次就可以拿下伊兹梅尔。"

他用了八天时间做准备。

● 制订计划：制订有针对性的"一次就做对"的目标计划。

● 统一思想：引导整个团队形成统一的战斗力。

● 积极预防：对所有可能出现的困难，事先做好预防。

● 管理战役过程：把所有攻城的过程分解，对每个分解的节点强化训练。

苏沃洛夫的作战计划是这样的：地面部队编成三个集团，从东、西、南三个方向同时发起猛攻。主攻方向指向防御较薄弱的南面，苏沃洛夫在该方向上集中了 2/3 的兵力和 3/4 的炮火。第九天，苏沃洛夫发动总攻，一战成名。

"当我们确定要第一次就拿下敌人的要塞时，我们就已经找到了拿下它的方法。第一次就拿下是我一生中最划算的买卖，我们只付出了一次的成本。"

苏沃洛夫一生指挥过很多战役，并非每一场战役都取得了胜利，然而他却是一个深谙"第一次就把事情做对"之道的人。

也正是由于这个原因，苏沃洛夫才成为一代名将。

在产品品质的"战争"中，第一次做对就是要从源头抓起。从产品设计开始，这个环节的成本只有3%左右，在设计上就要加入品质管理模式，做到让客户满意，品质有保证，设计符合标准。接下来在生产环节，必须保证100%合格，销售环节、服务环节，也要保证100%合格，最后到了客户手上才是100%合格。

品质工具3：克劳士比品质代价图

克劳士比认为，品质管理分为五个阶段，分别是：

不确定期——对品质没有任何概念；

觉醒期——意识到品质的重要性，但不会用品质工具；

启蒙期——开始不断用品质工具提升管理；

智慧期——品质管理走上正轨；

确定期——形成品质管理的系统，并不断提升管理水平。

如图 3-1 所示，在不确定期所付出的管理成本高达 20%~25%，而确定期的成本仅为 2.5%~8%。

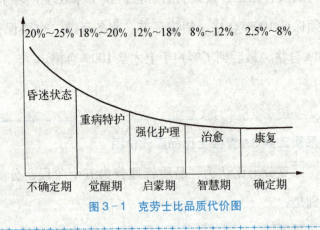

图 3-1　克劳士比品质代价图

第四章 高品质才能产生"爆品"

　　企业要想做出高品质的产品，就必须要聚焦力量去做一个产品，这样做出来的产品才会大卖，成为真正的"爆品"。我把这个过程比喻为"打井"——打一口关于品质的深井，这口井的最深处是我们对产品的爱与初心。

第一节
井口开在尖刀上

所有成功的企业，其成功均来自于它找对了属于自己的那一把"尖刀"，就是所谓的尖刀产品，也可以称作王牌产品、拳头产品。企业的产品品质提升的"井口"就要开在这个产品之上。我们如何才能知道自己找对了井口呢？

有一个十分关键的工具，我们称之为"四眼看天下"。

所谓"四眼看天下"，指的就是企业在确定一个产品是否属于真正的尖刀产品时，一定要有四看：一看产品、二看用户、三看对手、四看政策和趋势。

(1) 看产品

毫无无疑，对于一家企业来说，每一个行业都有看

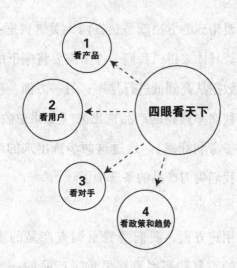

似很多的市场机会，这就好像在每一口井里都有可能找到水，但这是否只是一种假象？换一个角度讲，即便每一口井里都有水，那么哪一口井里面的水才是最多的，是最值得我们去深度挖掘的呢？

比如，我在担任汤姆户外传媒总裁期间，曾经通过收购得来 27 个产品，经过调查发现其中 14 个产品的"井"中并没有"水"。对于这 14 个产品，我们的正确处理办法就是关停。可是，剩下 13 个"井"中有"水"的产品又该怎么办？我们如何才能从中找到那一口最值得深挖的井？

这里要用到的方法就是核查两大关键数据：总收入和利润率。具体来讲，我们一方面需要将剩下的产品根据这两大数据从高到低进行排序；另一方面，再将总收入最大、利润率最高的产品选出来（如果总收入相等，那就着重参考利润率）。通过这两步选出来的产品，就可以作为我们尖刀产品的备选项了。

（2）看用户

在看用户方面，我们要着重调查产品的重复购买率，用户的重复购买率直接显示了产品的一个关键特性——用户黏性。很显然，一个产品的用户黏性越高，重复购买率也就越高，也就说明这个产品的市场竞争力越强。

在汤姆户外传媒集团，我们通过看产品和看用户的方法选出来的第一个产品是"站台广告"。当时的数据显示，这个产品的总收入和利润率都是最高的，另而且许多大客户一直在反复购买这个产品，重复购买率相当高。

（3）看对手

在看完产品和用户之后，我们是否就可以确定尖刀产品了呢？这还不够，我们还要看对手。道理很简单，如果竞争对手已经将我们通过看产品和看用户选出来的产品做到了行业第一，那么我们再将这个产品作为自己的尖刀产品就不合时宜了。

果然，我们很快就通过"看对手"发现，在"站台广告"这个产品上，有一家做得最好的企业，那就是广州白马传媒集团。

广州白马传媒集团是一家上市公司，总收入是汤姆传媒的十倍，这家公司只有一个产品，那就是站台广告，并且已经专注地做了十年之久，把这个单品研究得极为深入。

在这样强大的对手面前，我们最终选择了回归商业的本质——走差异化发展道路，另寻新的产品作为尖刀产品。

（4）看政策和趋势

确定了产品之后，我们还要看政策和趋势。

看政策，主要是看政府的政策是否支持和鼓励我们做某个产品，会不会受到限制。看趋势，则要看美国、欧洲同行的发展趋势，以及资本市场对这些同行的估值。尤其是后者，如果资本市场给出的估值比较高，我们基本就可以判断某个产品在未来的价值会比较高。

　　运用"四眼看天下"的方法，汤姆户外传媒集团最终发现，户外广告牌的发展势头十分迅猛，资本市场对其也非常看好，属于一个新的行业高地。最终，汤姆户外传媒集团将户外广告牌作为自己的尖刀产品。

第二节
"一致性"法则打造专、精、深的品质

　　找对了诞生高品质产品的"井口"，我们接下来要做的就是在尖刀产品上做出专、精、深的品质深度。在这个方面，我们要运用的工具就是上文说过的"一致性"法则。

　　按照"一致性"法则，在战略设计上，一家企业必须从经营管理的各个部分和环节上全面、系统地贯彻其所选取的差异化发展道路。实际上，在产品战略上，一家企业要想做出具有专、精、深的高品质产品，必须坚持"一致性"法则。

　　美国西南航空公司是美国三大航空公司之一，在巨头林立的航空公司中以其低廉的价格争得一席之地，走

出了一条成本领先的道路。

要想在航空运输服务这一产品上做出专、精、深的品质，就必须通过一系列举措在保证航空运输服务品质的前提下，将总成本做到行业最低。只有做到这一点，他们的产品才真正具有专、精、深的品质特征。

为了实现这一战略，西南航空公司的办法就是坚持"一致性"法则，从经营管理的各个方面，包括地面周转时间、飞机飞行时间、空勤人员数量、每英里成本、飞行员每月飞行时间、飞行员薪酬水平、员工服务乘客数量等每一个细节，都要全面领先于航空业平均水平，贯彻成本领先思维。如表4-1是西南航空公司在以上方面的数据对比情况。

表4-1　美国西南航空公司成本优势对比

项　　目	西南航空公司指标	航空业平均指标
地面周转时间	15分钟	65分钟
飞机飞行时间	11小时	8小时
空勤人员数量	6人	15人
每英里成本	7.1美分	11美分

（续表）

项　　目	西南航空公司指标	航空业平均指标
飞行员每月飞行时间	70 小时	50 小时
飞行员年工资	10 万美元	20 万美元
员工服务乘客数	2443 人	730 人

　　正是由于全面系统地采取了以上措施，西南航空公司实现了总成本全行业最低的目标，在航空运输服务这一产品上真正做到了成本领先的专、精、深，成为世界上最赚钱的航空业公司之一。

　　世界上最小的米其林三星餐厅在哪?

　　没错，就是藏在东京办公大楼的地下室里的寿司店——数寄屋桥次郎，这个餐厅没有洗手间，只有十个座位，却连续两年摘下了米其林的三颗星。

　　餐厅虽小，却从来不缺大客人。大名鼎鼎的日本"天妇罗之神"早乙女哲哉就是这家店的常客，哲哉每周三都会去这家寿司店，不论刮风下雨，也不论预约有多满，店主都会为他留出那个固定座位。2014 年 4 月 23 日，日本首相安倍晋三在数寄屋桥次郎以非官方正式晚宴的方式款待美国总统奥巴马，以此展示日美首脑间的亲密关系，被媒体戏称为"舌尖外交"。

这个只有十个座位的小店，店里没有常规菜单，只有当日主厨定制菜单，也不卖其他菜品，只有握寿司。菜品价格取决于当日选用食材，一人高达三万日元起，小店究竟凭什么吸引这么多大人物慕名来访呢？

原因就是小店的主人——日本的"寿司之神"小野二郎。

小野二郎已经90岁高龄，一生钻研寿司奥妙，从未停歇。他是年龄最大的《米其林美食指南》三星级厨师，做出的寿司美味到"值得期待一生"。

纵观小野二郎的一生，超过55年的时间，他都只做了一件事情，那就是做寿司。从料理食材的选用、清洗、腌制，再到加工成品，这些每天都做的功课，小野二郎五十几年来始终亲力亲为。他会根据顾客的性别、用餐习惯精心安排座位，就连座椅的舒适度都要考虑其中，并时时关注客人的用餐情况以及时调整，让客人在品尝料理时能保持最好的用餐状态。很多食材店的老板也会把最好的食材卖给小野二郎，因为"好的东西是有限的，只会留给最好的厨师"。

然而，小野二郎从不觉得自己已经做到了极致，他仍旧在不断磨炼自己的技能，并持续改进。二郎说自己不喜欢假日，也没有退休的概念，目前年过九十的他依然早出晚归，在那片不大的空间里不断精进自己制作寿司的技能。

小野二郎用自己的一生诠释了匠人精神——重复做一件事情，使之更加精益求精，但永无止境。

所以说，一个高品质产品的诞生涉及方方面面，从原材料到研发，从营销到用户。同理，一家企业要想做到产品的专、精、深，也必须深度聚焦一个产品，战略上保持"一致性"原则，通过长时间的积累和迭代，精益求精，不断进步，做到极致。就像小野二郎那样，将平淡无奇的一个寿司做成极致的味道，因为在寿司中，"点点滴滴，俱是匠心"！

第三节
超出期望，永无止境

对于一个产品来说，企业通过专注聚焦达到专、精、深，其品质已经相当高了。不过，在产品战略上，这还不是最高境界。在我们看来，产品的最高境界是超出用户期望，永无止境。

产品的最高境界是永无止境，就是说企业在产品品质上要给自己建立更高的标准，永远没有最高，只有更高。通过这样的不懈努力，真正做到超出用户期望。

其实，所谓独一无二的高品质产品，就是企业用全部的力量做出来的那一个产品，可以说，在如此专注和聚焦精神下做出来的产品，想要没有高品质都难，因为它确实为用户创造出了更多的价值。对于用户来说，一个产品达到 100 分就是令他们满意的了。如果一家企业通过十倍的力量做一件产品，那么提供给用户的产品品质就是 1000 分，这就超出了用户期望，这样的产品自然就是"爆品"。

实际上，也只有面对这样的产品时，我们的用户才会心甘情愿地向他人推荐，因为在用户心中，这样的产品绝对是物超所值的。

想要"高高山顶立"，必须"深深海底行"。想要诞生高品质的"爆品"，我们只能从找准尖刀产品入手，运用"一致性"法则打造专、精、深的产品品质，最终实现不断满足、超越用户期望的目标，永无止境地追求更高品质，我们的产品就必然有卓立于市场之巅的一天。

第二部分

提升品质的 15 招必杀技

提升品质的力度一定要从上到下，企业家
要有面对品质管理的决心、表率和素质！

第五章 四招奠定——品质是一把手工程

产品等于企业家的人品,不管你厂房多漂亮、设备多先进,如果品质出了问题,都是一场悲剧。

品质管理是一种态度、一种信念、一种决心,尤其是企业最高领导者的决心和态度,所以品质管理必须从企业最高领导者开始,伟大的企业家都是品质管理的急先锋!

把提升品质作为一把手工程,这是我们品质"兵法"的第一大核心。

下面是一名品质管理员写给某企业老总的信。

尊敬的×总：

我来到咱们公司已经一个多月了。前段时间公司为了推进体系认证，我因为有内审员证书、有工作经验而被招聘进公司，来了之后却很迷茫。我进入公司，连质检部经理都找不到，我不知道工作该怎样开展，看着办公室里的同事、车间里的员工在忙碌着，我在笔记本上写下了这样一连串的疑问：

（1）我的直接上司是谁？

（2）自己的岗位职责是什么？工作范围是什么？主要工作内容向谁汇报？

（3）自己的工作计划是否适合公司的发展计划？公司对我的工作进展有哪些目标？要求是什么？

（4）自己的工作任务该从何人手中交接？

（5）作为一个质量人，发现公司生产质量管理方面存在的问题该向谁汇报？找谁协调？这些问题怎样才能引起重视并将改进措施应用于实际？这些问题应该得到什么人的认可并从公司发展的角度上得到支持，以满足公司持续改进、持续发展的要求？

我一边带着疑问，一边从公司的品控、生产、仓储、销售、供应、设备等方面了解着公司的现状，由于公司以前没有专职体系管理员，文件资料只好从同事那里尽力搜集。匆忙之中迎来了认证的初审阶段，还好审核员没有提出严重不符合的项目。接下来要做的事情还有很多，即便能够拿到证书，我也认为公司需要改进的地方还有不少。我佩服您作为最高管理者站在长远发展的角度建设了一流的厂房，配备了先进的设备，并且促进了几种产品的成功投产和销售。可以说，公司配备了先进的硬件资源，然而公司建立质量管理体系并依照制度执行了吗？有推进管理体系运行的人员吗？有人去维护体系的正常运转吗？有人站在管理的高度去指导公司产品生产及质量管控吗？

食品行业是一个长期发展的产业，看到公司正在积极开拓海外业务，作为以食品生产为主的企业更应该站在长远发展的角度看待公司的目标、优势与风险，食品安全、食品质量是公司发展的基础，也是一个企业的社会责任。作为一个质量人，我希望能够伴随公司一起走上严格管理的质量之路，并不是仅仅帮助公司取得证书。我相信 ISO 9000 能在世界得以推行，靠的不仅仅是一套标准，更重要的是告诉了我们一套做事的方法，它能指导一个人、一批人、一个团队走向理想的境界。

我不知道读这封信的企业老总是什么感受，我的感受是：这是中国 90% 以上的企业曾经或者正在经历的问题，也是中国很多企业的产品和服务品质出现问题的根源！

企业最高管理者对品质漠不关心，对品质标准的敷衍应付，公司品质管理体系不健全，品质管理人员形同虚设、地位低下，我们不知道员工在想什么，不知道他们的困惑和呼声，我们只是固执地坚持自己的认识。

火车头不动，车厢白费劲。提升品质绝不是评一个 ISO 9000 就万事大吉，也不是设一个品质管理的岗位就立竿见影，更不是品质管理专员一个人的事情。

前面我们已经提到，产品等于企业家的人品，不管你有多么漂亮的厂房、多么先进的设备，如果思维态度出了问题，都是一场悲剧。

品质管理是一种态度、一种信念、一种决心，尤其是企业最高领导者的决心和态度，抓品质必须要从企业最高领导者开始，提升品质是一把手工程。

世界上最著名的 CEO 之一——杰克·韦尔奇，在他领导通用电气期间，公司产值达到了 1000 多亿美元。能够取得这个惊人的成绩，得益于他在管理中推出了一个战略——六西格玛，也就是提升品质管理的战略，能把差错率降低到 0.0034‰的级别。

再说张瑞敏，领导海尔成为巨人的企业家，他那著名的砸冰箱壮举发生在供应奇缺、只要生产就能卖钱的 1985 年，他一下子砸掉 76 台冰箱，这说明什么？说明了他对低品质产品的极度厌恶。

对比中外两位大企业家的例子，说明了什么？伟大的企业家都是品质管理的急先锋！

因此，提升品质的力度一定要从上到下，这就叫作扫楼梯，企业家要有面对品质管理的决心、表率和素质！

在提升品质的"扫楼梯工程"中，企业家首先要打开四扇窗，即提升品质的前四招必杀技。

• 心灵之窗——改变对品质的态度。

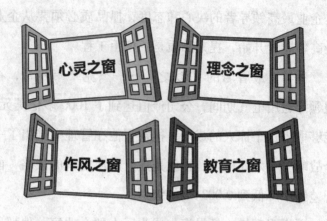

- 理念之窗——树立品质第一的信念。

- 作风之窗——改变管理作风，规范言行举止。

- 教育之窗——让所有人了解并遵守品质管理规定。

第一招
态度：没有任何借口

在很多企业，都发生过这样的事情：一位客户对产品不满意，就找到公司的销售部门，销售人员说："这不关我们的事，这是生产部的问题！"因为产品来自于生产，客户觉得有道理，就找到了生产部，生产部却说："这也不是我们的问题，是采购部的问题，因为他们采购的原料有问题！"然后客户就又到了采购部。等到追问采购部为什么出现失误时，采购部也振振有词："那是财务部的问题啊，财务部把供应商的价格压得太低，买不到质量高的材料。"这时候财务部也很委屈："我们财务部是履行工作职责，要控制成本啊，这是公司的要求啊！"问题就这样循环往复，来回踢皮球。

品质出了问题，大家都在找借口、找理由、推卸责任。

相信我们在售后维权的时候都曾有过类似的体验，这让我们无奈，令我们心寒。做为消费者，你的第一反应是什么？肯定是下决心再也不买这个牌子的产品了，企业的客户就这样流失了。

行为学有这样一个公式：

$$成功 = 态度 \times 能力$$

成果由行为决定，行为由态度决定。人的工作就像驾驶车辆，能力是他的驾驶技术，如果他的驾驶技术是50分、60分、80分，但当他的态度是0分的时候，0分乘以100分的结果还是0分。

因此，品质首先来自态度。

美国通用公司的总裁到日本丰田公司参观时，曾自豪地说："我们保证产品质量的关键在于30%的技术加70%的态度！"没想到，丰田公司的人却说："我们是10%的技术加90%的态度！"

提升品质从态度开始。

在企业中，每个工作岗位都会遇到失误，当我们遇到失误时，不应该有任何借口。因为不懂可以学，可以反省，可以找方法，但不能找借口，这就是品质管理的第一步。作为企业管理者的你，能保证所有员工都不找借口吗？能保证他们对待品质都有认真的态度吗？

品质工具4：首见负责制

为了彻底杜绝"踢皮球"的行为，我们公司创立了一项制度，叫作"首见负责制"。

"首见负责"要求：如果你是第一个接触到这个客户、第一个接触到这个问题、第一个接到这个电话的人，你就必须负全责！你不可以说"不知道"，不知道可以去问，可以去学；不可以说"不关我的事"，如果不是你的职责范围，你可以去引荐、去协调。

我们很容易理解产品凝聚了所有人的心血这个道理，其实，客户的满意不仅是通过对一个产品质量的满意达到的，还包括客户看到、购买、使用产品的整个过程和体验的满意度。因此，我们在公司内部，也必须做到绝不找任何借口！

在组织中，要非常明确的规定：任何时候、任何地点、任何情况、任何人都不许说"不知道""我不负责""不关我的事"这三句话，如果说了，就是严重违反公司品质管理的要求，而且这是态度问题，必须要处罚。谁踢皮球，就把谁从这个团队踢出去。

只要在公司里，一切都和自己有关，这与你在生产部门还是销售部门没有关系，当客户有需要时，正确的反应就应该是"我帮你引荐""我帮你找""我带你过去"。即使是财务部的客户问到销售的事，不能说你是财务部的，不知道，而要说："好，我来帮你协调。"

品质来自于我们全员，来自于我们的全流程，来自于每个细节。

表5-1　禁止用语与鼓励用语

禁 止 用 语	鼓 励 用 语
不知道	好，我帮你引见
我不负责	我帮你找，我带你过去
不关我的事	我来协调

表5-2　态度管理自检表

以下每项做到得10分，未做到得0分		
1. 员工从内心里认可"态度决定品质"	□10分	□0分
2. 员工在服务客户时都能使用公司的规范用语	□10分	□0分
3. 公司里没有员工说"不知道""不负责""不关我的事"	□10分	□0分
4. 没有接到客户被"踢皮球"的投诉	□10分	□0分
5. 公司在运作过程中没有推诿责任的情况出现	□10分	□0分
6. 公司各部门在遇到问题时能主动积极地互相配合，找出问题根源	□10分	□0分

第二招
理念：品质第一

有这样一个故事。有一次，一家大型表面贴装技术（SMT）公司的总经理应邀前往索尼的日本工厂参观，陪同人员是索尼株式会社副社长。这位总经理在参观的时候想拿起流水线上的一块印制电路板看看品质，可是他刚要伸手，就突然被旁边的一位索尼员工拦了下来。这位总经理很恼火，心想一个工人敢对我这么不敬，甚至当场就要发脾气。

然而，陪同的索尼高层不仅没有责怪这名员工"不懂事"，反而称赞了他，因为这名员工还大声说了一句："产品流经我处，我就得对它的品质负责！"

后来，索尼高层跟这位总经理解释，根据索尼的品质管理要求，想要在流水线上拿取印制电路板时，第一要戴防静电手腕带，第二要征求该生产线班组长的同意。在索尼公司，不论任何级别的领导，都要遵守这一规定，在生产一线，工人说了算。

在你的企业里，是总裁第一吗？还是董事长第一、CEO 第一？

是销量第一，还是成本第一？

都不是，应该是品质第一！

在违反品质管理原则的时候，工人也可以批评老总，可以把老总的手拦住。为什么工人可以这么有底气？因为公司提倡品质第一。

品质第一是企业的价值准则、企业的文化核心、企业的 DNA 基因、企业的最高纲领、企业的底线。

成功的企业都是相同的，他们都把品质第一作为核心理念，成为企业的核心文化。在你的企业里，有没有把品质第一作为价值准则呢？

有了这个核心文化以后，我们就可以用这一标准来筛选新员工。

新员工入职，先问两点：第一，有没有品质第一的意识？是否认同品质第一的理念？如果有任何一点不符，即便他是天才也不能要。第二，能不能做到不说"不关我的事""我不知道""我不负责"这三句话。

品质工具 5：四条定律与两个凡是

沃尔玛公司有句名言：客户永远是对的，如果不对，请参考第一条。

客户希望得到的是什么？第一次就做好、做对，企业要遵守承诺，提供完美的服务。在品质问题上，我们公司也总结了四条定律、两个凡是，并在全公司内坚决执行。

四条定律

1. 领导者以身作则，把品质第一、客户满意作为公司的核心理念。

2. 从新员工开始，用品质第一的理念来衡量人才，在所有工作岗位，都要把这种思维贯穿于

行为当中。

3. 对追求品质第一、客户满意的优秀员工，要给予重奖、激励和提拔。

4. 对那些违反品质管理要求的员工，要及时纠错和改进。

📋 两个凡是

凡是客户赞同的，我们坚决赞同。

凡是客户反对的，我们坚决反对。

表5-3　理念管理自检表

以下每项做到得10分，未做到得0分		
1. 所有员工认同品质第一的理念	☐10分	☐0分
2. 品质第一已经贯彻到公司工作的各个环节和角落，所有人都真正遵照这一方针做事	☐10分	☐0分
3. 员工能够落实把客户放在第一位的要求，从而提升品质	☐10分	☐0分
4. 给追求品质第一的模范员工以重奖	☐10分	☐0分
5. 时常关注违反品质管理要求的事件和员工，并及时做出处理	☐10分	☐0分
6. 在品质面前，我没有任何特权	☐10分	☐0分

第三招
作风："3+1"工作作风

　　我从事跆拳道推广事业已经二十多年了，在这二十多年里，我每天都要训练，还要带领我们的学员训练。我们会反复训练一个动作，一个动作做 50 遍、100 遍、1000 遍，每天、每月、每年……始终如一。

　　这种坚持的习惯给我带来很多意想不到的惊喜。

　　在我的跆拳道馆里，有些学员还是在校学生，有的才刚读小学或者中学。我曾经不止一次收到过学生父母的感谢信，这些父母说，不是感谢我教会了他们的子女什么武功，什么独门绝招，而是他们发现孩子身上发生了巨大改变，这些改变是每一个父母都梦寐以求的。

　　孩子过去写字不认真，现在认真了；以前在学校听课不认真，现在认真了；以前有种种不良习惯，现在奇迹般地消失了。父母们以前认为，练跆拳道会耽误学习，没想到学习成绩也上去了！

我始终相信这一点：作风是训练出来的！管理就是管人，管人就是带作风，提升品质就是要训练作风。你有没有要求员工树立追求品质的作风呢?

我从 1986 年推广跆拳道以来，发现在我们身边有太多的差不多先生、马虎小姐，这种毛病是血液里的，它会扩散，会蔓延，会毁了一个人、一个组织！

所以，公司里必须要有一种文化，能拔掉这种基因！

在我的跆拳道馆，以及后来创办的风驰传媒和行动教育，我都在组织里和这种问题做斗争！

怎样才能让整个组织都做到品质第一呢? 就要从言行举止开始。

我总结了三句话，叫"3+1"工作作风。

第一，认真——我们要求每个人做事必须专心致志、精益求精。认真的成果是什么? 就是品质。

第二，快——要讲效率，要当日事当日毕。快要建立在好的基础上，不是快了再好，是好了再快。

第三，坚守承诺——要说到做到，讲诚信，认真反省和改进，诚信是品质的基础。

"3+1"中的"1"是绝不找借口——如果出现问题，没有任何借口。

品质工具6：身口意

在跆拳道训练中，培养作风最有效的方法就是训练学员从身体、言行上做起，这叫作"身、口、意"。

身——身体的动作。

口——语言。

意——意识。

在行动教育，我们每天早上都有晨会，所有到场员工大声宣告："我们的工作作风是认真、快、坚守承诺！绝不找借口！"25年来，每天如此，每天都在重复，每天都在做同一个动作。

最后，不光脑子里面有记忆，连肌肉里面都有记忆了。

有位著名的企业家说过："把每一件简单的事情做好，就是不简单；把每一件平凡的事情做好，就是不平凡！"

简单的事情，可能五岁小孩子也会做，但是做出来的质量是否确实能够达到"身、口、意"的要求呢？我们可以从你的身体动作中看出来。

你的动作达到精益求精、追求极致了吗？

你的动作快吗？

你的动作坚决吗？

如果连这么简单的动作都做不到、做不好，还能做好客户服务吗？还能去生产冰箱、电视机吗？连简单的动作都不能做到位，在工作中一定也会偷工减料，那么你就成了品质的杀手！

表 5－4　作风管理自检表

以下每项做到得 10 分，未做到得 0 分		
1. 所有员工理解作风对于品质的重要性	□10 分	□0 分
2. 每天晨会都会强调一次作风的重要性和我们应该具备的作风，每天都会训练一次	□10 分	□0 分
3. 没有看到或听说哪位员工做事不认真	□10 分	□0 分
4. 每位员工都有办事追求效率的作风	□10 分	□0 分
5. 没有看到或听说哪位员工不坚守信用	□10 分	□0 分
6. 没有看到或听说哪位员工在找借口	□10 分	□0 分

第四招
教育：成绩存入档案

一、全员品质教育

调查显示，美国西南航空的顾客服务品质居全美之首，这与他们重视对员工的品质培训是分不开的。

在西南航空，新员工进入培训教室的第一节课就是唱歌，虽然曲调是员工们熟悉的，但歌词却是跟公司企业文化和运营有关的内容；第二节课是福利部门主管介绍公司福利制度；第三节课是讲解公司的历史与结构。

下午的课程重点全都和品质有关。

公司会派出最优秀的培训师，念一些乘客来信或讲一些公司全心全意为顾客服务的事例。其中有这样一个例子，一位乘客的母亲与癌症已经搏斗好几年了，医生通知家属，她的生命只有最后几天时间了。于是，这位乘客订了西南航空的机票，与先生、孩子一起飞往圣路易市见母亲最后一面，可是，他们中途必须在小岩城转机。在飞往小岩城的航班上，西南航空的服务员知道了这件事，就立即帮他们调整了机票，使他们能够比原计划提前几个小时抵达圣路易市。当他们来到病床前没有几分钟，母亲便离开了人世。

信读到这里，培训师的声音变得异常低沉，员工们此时也安静得出奇。最后培训师郑重地对大家说道："飞机上提供的饮料、点心或播放的电影，对多数人而言并不是最重要的，乘客真正在乎的是我们的关怀与协助。"

短暂休息后，培训师拿出一份统计资料讲解企业失去顾客的原因：1%是因为顾客离开人世，3%是因为搬家，5%是因为听到别人对企业的负面评论，9%因为品质下滑，14%因为价格上涨，还有高达64%的顾客是因为碰到了一个态度冷漠的服务人员！

改变品质意识，需要全员培训，在我看来，品质教育有三部曲。

● 首先，让员工了解品质——知道什么是品质，品质有什么样的重要性，品质低劣会带来什么后果。

● 其次，让员工认同品质——转变他们对待品质的态度和意识，让他们养成品质第一的作风和习惯。

● 最后，让员工学会提升品质——要教给他们提升品质的方法。

同样，品质教育不仅包括上课、参加培训，更重要的是平时开展品质活动，做好各种宣传、考核、奖惩，对员工进行潜移默化的教育。

品质工具7：培训考核成绩档案制

在行动教育，我们品质培训的内容分为三大部分。

➢ 新员工培训——员工进公司的第一堂课就必须要有品质管理的内容，包括意识、态度、作风等，而且要组织严格的考试，不合格者不能入职。

➢ 日常培训——有关新材料、新工艺、新技术、新管理等，凡是关系到客户体验的、关系到品质流程的，都必须严格培训。

➤ 业务精细化培训——针对品质管理人员，开展提升品质管理的业务培训。

品质训练不是一天的事，是长期的事，而且要严格考核，并且将品质培训的考核成绩存入档案。（如表5-5所示）

表5-5　培训计划表

培训项目	受训人员	培训日期	培训地点	宣　讲　人
基本培训课程	全体员工			公司总裁、优秀员工代表
深造培训课程	根据不同需求选择培训对象			分管品管的公司负责人
专业培训课程	品管专员			品管专家
填表人 填表日期			审批人 审批日期	

二、教好你的供应商

2014年7月，上海福喜食品有限公司被曝出使用过期变质肉类加工快餐原材料。据报道，该公司无视鸡肉等产品的保质期，将大量过期的鸡肉、鸡皮等原料重新返工，经过绞碎、裹粉和油炸等工艺后，制成麦乐鸡等产品重新出售，甚至将霉变、发绿、过期七个多月的牛肉切片使用。同时，福喜公司还将18吨过期半个月的鸡肉、猪肉等原料掺进"麦乐鸡"，将发霉发绿的小肉排做成"芝士猪柳蛋堡"上架。

上海福喜公司并不为大众所熟悉，但它所服务的品牌大家却耳熟能详。福喜是麦当劳、肯德基、必胜客等国际知名快餐连锁店的肉类供应商，特别是与麦当劳从1992年就建立了长期的合作关系。福喜的母公司是美国福喜公司（OSI），总部位于美国芝加哥，成立于1909年，是一家在全球17个国家拥有五十多家食品加工厂的国际化食品集团。

这则新闻再次引爆了媒体和公众舆论对餐饮安全问题的信任危机，麦当劳、肯德基等品牌之所以能够吸引中国消费者，很大程度上得益于品牌一直向外界宣扬的先进管理水平和优质供应商资源。事件曝光之后，麦当劳当即宣布全面停止与上海福喜的合作，肯德基、必胜客所属的百胜集团也与其撇清关系，唯恐避之不及。

这是一次典型的品质事件，而品质事件的主角却不是运营商，而是供应商。这次事故的发生，直接原因是肉类供应商——上海福喜公司——为了节省成本，使用了过期的肉类原料。

其实，很多品质事件都与企业相关的供应商有关联，如果供应商的品质没有控制好，会给企业埋下不可预料的致命隐患。

所以在教育方面，除了内部教育以外，我们还要注重外部教育，剑锋直指供应商。

我们必须把注重品质的作风、意识、思维、价值观，作为选择供应商的标准。我曾经几次在公司品质管理会议上提出，我们必须要选择那种客户满意、品质第一的供应商，必须要和我们的价值观一致。没有这种思维意识，即使他给我们再便宜的价格，再好的时间保证，我们都不能合作！

同时，我们的合作伙伴在作风和教育方面不够完善的，我们必须帮他开展品质教育。

➢ 要把供应商和经销商邀请来一起上课，一起学习品质管理课程。

➢ 我们建立品质管理流程标准的时候，要把经销商和供应商召集起来，一起建立统一的标准。

➢ 如果是长期的供应商，我们公司的品质管理专员、品质管理专家还要经常驻场。

➢ 同时，我们与供应商除了要签订工期、材料等合同之外，必须还有一个独立合约，这个合约就叫作品质保证协议书。

品质工具 8：供应商交往原则

在与供应商交往的时候，我们有八大交往原则。

原则一，在采购协议、供应商品质保证协议、相关图纸、技术规范、检验标准、工艺标准等方面具体明确地规定供应商的产品质量，必须达到相应数据和指标要求。

原则二，缺乏明确依据时，可以引用相关的国际、国家和行业标准。

原则三，当要求明确时，协助供应商充分知晓各种技术、采购、质量、工艺环节的相关信息，确保这些要求能充分达成共识，并在实践中有效落实。

原则四，供应商在交付产品时，应提供相关的证据来证明产品性能、技术参数、规格等能够满足已定的标准。

原则五，要求供应商的品质管理体系必须有效运作，并持续改进。

原则六，在生产产品的过程中，那些已经发现的瑕疵是否得到彻底调查，根本原因是否充分分析，是否采取正确有效的预防措施，以及保持效果如何。

原则七，供应商在做出任何工艺变更之前必须获得书面批准。

原则八，对于供应商提供有瑕疵的产品所造成的相应损失，应明确供应商责任并承担相应损失。

表5-6 教育管理自检表

以下每项做到得10分，未做到得0分		
1. 公司每位刚入职员工都接受过品质教育	□10分	□0分
2. 在品质教育方面，公司有成熟完备的培训流程和制度	□10分	□0分
3. 公司的品质培训能够针对不同层次、不同人群进行划分	□10分	□0分
4. 把员工在品质培训中的成绩作为绩效考核的一个重要指标	□10分	□0分
5. 公司把品质作为选择供应商的首要标准	□10分	□0分
6. 公司有保证供应商品质的完备制度	□10分	□0分

第六章　五招实施——
高标准严要求

当产品出现品质问题时，很多企业不是去解决问题，而是降低标准，想办法应付这个局面。在企业经营管理中，类似的问题很多，这也正是品质管理的难点。

没有量化的标准，最后导致标准不是向好的看齐，而是向差的看齐！

建立品质的高标准，并严格落实，这是提升品质的第二个核心。

看过芭蕾舞《天鹅湖》的人，都会回味这样一个场面。大幕缓缓地拉开，演员身着洁白的轻纱，轻盈地从幕后跳到台前，伴随着如水般的音乐，那舞步准确、完美，刚好踩在音乐的节拍和心灵的律动上，并且传达出一种意境——王子的寂寞与灰姑娘的清秀。

但是有多少人知道，每一个芭蕾舞演员从很小的时候就开始训练，反复练习标准舞步。他们把这些可以分解的、标准化的动作一直要练十几年以上，日复一日，年复一年。他们对所有舞步的每一个细节都已经极为熟悉和了解，只要音乐一响起，他们的身体就会分毫不差地表演出应该完成的动作，准确而完美。

芭蕾舞就是一种因标准而生的美，芭蕾舞演员追求的是一种零缺陷的境界，因为任何一个细小环节的疏忽，都会影响最终的演出品质。

对于一个舞者来说，品质不是想象出来的，而是严格要求和刻苦训练出来的。同样，对于一个企业来说，品质不是生产出来的，是管理出来的。

我们如何建立标准，如何做到高标准严要求呢？在这一章中，我将和大家分享提升品质的五大必杀技——

- 品质来自建立标准
- 品质来自零缺陷日
- 品质来自极致的目标
- 品质来自组织的保证
- 品质来自零缺陷制度

我们叫作五个"一"，一个标准、一个日子、一个目标、一个组织、一个制度。

第五招
建立品质的标准

一、一张桌子等于 100 万元的损失

和大家分享一件我亲身经历的事。

有一次，我带父母住在一家五星级酒店里，因为我在这个酒店讲行动教育的赢利模式课程，每晚都要讲到七点半。讲完后，我带父母去酒店就餐。因为这个酒店坐落在北京五环路以外，离市中心比较远，并且我们是封闭式课程，所以包括我在内，还有来参加培训的四百多位企业家都在酒店里就餐。

那天讲完课，我和父母来到餐厅，这时已经是晚上八点多，不是就餐高峰了，我跟服务员说帮我们安排一下座位，服务员看我们是三个人，就指着墙边一个座位说你们坐这里吧。我一看这个座位是茶水桌，放了很多

茶壶，显得很挤，光线也不好。我就指着旁边的六人圆桌问他有没有人，服务员说没有，我说那么这个桌子可以安排吗？他说不能安排。我问他为什么不能安排，他说这是六个人的桌子。我说那边太窄了，这里既然没有人为什么不可以坐呢？服务员没有任何解释，也不留任何余地，只回答两个字——不行。

　　按照我的思维方式，如果员工不能解决，那就找领导，这是最有效率的办法。所以我马上提出找领班进来，他说好啊，马上就叫来了一位穿着制服戴着胸牌的女士。我跟领班反映了情况，没想到这位女士也跟我说

不行。我反问她为什么不行，她说这里是六个人的座位。我说现在这里也没有人啊，她把脸侧过去就再也没有下文。

当时我感到非常力不从心，只好带父母换了一家餐厅。

任何一家公司，提供任何一种服务，唯一的价值就是让顾客满意。

这家五星级酒店在处理顾客要求时表现出来的不变通，体现了员工只从自己立场出发，把顾客需求放在了次要地位的心态。桌子大一点，卫生就要多搞一点，这可能是任何一个服务员的私心，但是如果管理者也没有这样的服务品质意识，这个行为会给公司造成多大的损失？当时，我还要在这家酒店讲三天课，并且接下来的几个月，我还会有这样的课程，每场课程有四百多位企业家，一次就能给这个酒店带来最少一百万元的营业额。

二、标准是利他还是利我

一天晚上，我和太太到上海的永华电影院去看电影，买到两张19:40的电影票，买好后一看时间，离电影开场还有70分钟，太太觉得时间太晚了，能不能换一下，我就去跟售票员协商。以下是我和售票员的对话。

"先生，现在时间还早，我能不能换早一点的票呢?"

"不能换。"

"为什么不能换呢?"

"这是我们的规定。"

"你们是怎么规定的呢?"

"这就是我们的规定，没有怎么规定，这就是我们

的规定，不能换票。"

"为什么不能换，前一场的票还有吗?"

"有啊。"

"那为什么不能换呢?"

"规定就是这样，不能换。"

"这个规定是基于什么样的考虑? 你的工作标准是为谁提供服务? 你的标准是利他还是利我?"

很多时候我们都会听到，这是我们的规定、不能做、不能换、不知道、不关我的事、我不管、保证不了……

那么，我们的公司和岗位上那么多的规定是为谁制定的，是为我们工作方便制定的，还是为客户方便制定的? 是为我们满意制定的，还是为客户满意制定的?

可悲的是，很多人都是本末倒置，所以成功的企业永远是少数。

标准究竟该利他还是利我?

从品质的角度来说，我们已经知道品质是产品让客户满意、符合标准、零缺陷，所以建立品质的标准要有两个根本：

一是客户的需求，二是客户的要求。

品质的标准是"需求+要求"。

企业要建立以需求和要求为导向的品质服务标准，有了这样的品质标准为基础，我们才能去评估品质是好还是坏，是有缺陷还是没有缺陷。

三、标准要量化、细化、具体化

有一次，万科的原董事局主席王石去万科的一个小区天景花园考察，在考察过程中，他发现草地上有纸屑，就对物业管理部门提出改进意见，要求管理人员学习日本企业细致入微的售后服务意识，并提出三项标准：地上不能看到一片纸屑；小区内不能丢失一辆自行车；绿化带要保持绿草如茵。

这是三条几乎苛刻的标准，而且我们可以看到，王石还对前两条标准提出了量化要求——零纸屑、零丢失。最后一条什么叫绿草如茵呢？为了让物业管理人员明白，王石叫来大巴车，把他们全部拉到华侨城，让大家看看华侨城的绿化水平，这就是万科要做的标准。

这三条标准，万科物业后来100%都做到了。

时间是有标准的：今天是几月几号，现在几点几分……生命是有标准的：你在什么时候出生，活了多少岁……我们的道德是有标准的：尊老爱幼、孝顺父母、诚实守信……我们周围的万事万物都是有标准的。

品质管理的根本是让客户满意，在客户满意的目标体系中，我们的产品必须要建立标准，以保证批量生产也能达到客户满意。标准建立起来之后，再要求全体员工按照标准为客户提供零缺陷的产品和服务。

例如，生产一台电冰箱有 155 个控制节点、标准点，标准的冰箱生产线，从第一个环节到最后一个都有档案和记录，哪怕只是一颗螺丝钉坏了，都能找到责任人和原因。同样，我们的每一个岗位，每一个工作过程，每一个环节，都要建立标准，而且标准必须量化。

然而在传统观念中，我们认为客户在外部，有很多员工不直接接触消费者，何来客户满意呢？

其实，管理者应该把公司的每位员工当成客户，不但如此，内部员工的客户也在内部，就是下一道工序的同事，你生产产品的下一个环节的负责人就是你的客户。在工作中，每一个环节都是利他的，都是以需求和要求为导向的。

四、标准高度决定品质高度

1917 年，美国西雅图一个老居民区的街道拐角处开了一家咖啡店，店里还兼卖调味品。

附近的工人经常会走进这家阴暗的小店，点一杯

50 美分的咖啡，再放点糖掩盖低品质咖啡豆带来的苦涩和怪味，用几分钟的时间胡乱喝下去，然后把钱递给面无表情的营业员，过把咖啡瘾就算了。虽然这里可以免费续杯，但仍旧是一种单调乏味而且服务品质很差的体验。

那时候，很多美国人并不知道什么叫享受咖啡。

一个叫霍华德的人，突然有个奇思妙想：如果把传统的优质咖啡豆与迷人、浪漫的欧式咖啡馆相结合，让人们把喝咖啡当成一种绝妙体验，结果将怎样呢？

最后的结果令这个叫霍华德的人无法想象，这家咖啡店后来成为在全世界拥有超过 11000 家分店的国际连锁企业，也就是闻名全球的星巴克，霍华德就是星巴克的创始人，这 11000 家咖啡店的 CEO。

霍华德有句名言：星巴克出售的不是咖啡，而是对于咖啡的体验。

为此，星巴克分别在产品和服务上创造出自己独特的品质，他们使用的咖啡豆都是世界各产地的优等品，并在西雅图烘焙。星巴克对品质的追求达到了发狂的程度，无论是原料豆的运输、烘焙、配制，还是配料的掺兑、咖啡渣的滤除，甚至最后把咖啡端给顾客的动作神情，一切都必须符合星巴克的严格标准。

在服务方面，星巴克要求每位员工都要掌握咖啡的知识及制作咖啡饮料的方法，除了为顾客提供优质的服务外，还要向顾客详细介绍这些知识和方法。不仅如此，星巴克还在顾客细分的基础上，将咖啡的生产系列化和组合化，根据顾客不同的需要提供不同的组合，实现"定制式"一对一服务。

前面我们提到，麦当劳的口号是"我们不仅仅是一个餐厅"，而星巴克的口号是"星巴克出售的不是咖啡"，这就给企业树立了高标准。

从星巴克的成功来看，高标准、高品质是实现飞跃的关键。低标准对应的是低品质，高标准对应的是高品质，我们确定的标准必须是高标准，才会超出客户的期望，才会真正建立企业的核心竞争优势，最终才会让客户真正感动和满意。

标准的高度决定了整个管理品质的高度，决定了企业未来的发展前途。

以下是 16 条常见的无标准措辞，在企业里必须要杜绝。

如"要努力提高""深入开展""加大力度""全面推进""继续抓紧抓好""不断提高""继续坚持""继续推动""严厉""努力促进""加强""不断改进""高度重视""继续做好""加快""坚决"……

五、建立标准的关键步骤

提到麦当劳，有很多人会津津乐道他们的生产标准：

面包厚度 17 毫米，里面的气泡 5 毫米；

牛肉饼重 47 克，直径 9 毫米，厚 6.6 毫米；

烤面包的时间是 45 秒，煎肉饼是 1 分 45 秒……

我们知道，全球有三万多家麦当劳，分布在 119 个国家和地区。可是，当我们走过任何一个地方的任何一家麦当劳餐厅时，是否都会体验到同样的服务呢？

服务员对走向柜台点餐的顾客大声说："欢迎光临。"

点餐时，点餐员询问："堂食还是外带？"同时也要抓紧机会推销产品以增加销售额，例如询问再来一杯大可乐吗？然后重复顾客所点的内容，在收银机上键入顾客所点的内容，告知顾客钱数。

递送产品时，双手把食品递给顾客，并说："先生（女士），这是您点的食品，请看是否正确。"

生产有标准，有质量条款，那服务怎么建立标准呢？服务建立标准是有方法可循的，要建立标准，一定要了解服务，分解服务的每一个步骤、每一个细节，需要什么样的语言表达、什么样的规范动作、什么样的意识。

第一步 过程分解	第二步 关键动作	第三步 时间节点	第四步 写下来，照着做

图6-1　建立标准的四个关键步骤

（一）过程分解

在公司品质管理的过程中，我们应该把每一个过程进行分解，并且每一个动作的详细标准都制定得非常清晰。只有每件事都有章法可循，才能最大限度地保障公司产品和服务的品质，这对我们的品质管理来说是非常关键的。

比如，有一位客户到公司拜访，针对客户拜访这件事，我们要建立一个高品质服务的标准。按照第一步的要求，首先是把这位客户来到公司的过程全部分解，客户来访会有哪些过程呢？如图6-2所示。

```
┌─────────────────────────────────────┐
│ 迎接环节：                            │
│    动作一，来到公司停车场              │
│    动作二，停车                       │
│    动作三，下车，走到公司大门          │
│    动作四，走进大厅                   │
└─────────────────────────────────────┘
                  ⇩
┌─────────────────────────────────────┐
│ 参观环节：                            │
│    动作五，如何安排参观线路            │
└─────────────────────────────────────┘
                  ⇩
┌─────────────────────────────────────┐
│ 开会环节：                            │
│    动作六，他要听什么，看什么，讨论     │
│ 什么，最后达成的共识是什么             │
└─────────────────────────────────────┘
                  ⇩
┌─────────────────────────────────────┐
│ 离开环节：                            │
│    动作七，走出会议室，走出大厅，走     │
│ 出大门，走进停车场，开车，道别         │
└─────────────────────────────────────┘
```

图6-2 过程分解图

不能说客户来访是一个空洞的事件，而要非常仔细地把每一个环节分析清楚，再建立标准！

过程分解之后，关键动作要明确，那么都有哪些关键动作呢？

(二) 关键动作

1. 迎接环节的关键动作

如果是我们的核心客户，负责分管的领导要去停车场去迎接。在我们公司，客户分成 ABCD 四个等级，A是钻石客户，B 是铂金客户，对于铂金以上的客户，公司规定必须到停车场去迎接。

关键动作是握手、微笑、问候、递上名片。着装要求为男员工必须穿西装打领带，女职员必须穿职业装，穿皮鞋。

客户到达停车场以后，我们以期盼的心情迎接客户，然后带客户从停车场来到公司大门口，走进大厅。

如果是核心客户，公司规定要有横幅：欢迎某某企业领导莅临公司。

客户进到大厅，大厅的前台必须要起立、鞠躬，鞠躬之后面带微笑地说："欢迎您。"

2. 参观环节的关键动作

设计参观的线路，第一个部门、第二个部门、第三个部门……然后在参观的过程当中讲什么、看什么、听什么、记什么、谁来讲、怎样讲，都要有相关规定。

3. 开会环节的关键动作

参观公司之后，就来到了会议室，这时也有关键动作，首先安排客户坐到会议室内侧，不能背靠大门，客户必须面向大门、背靠墙面，这样有安全感。

客户入座以后，主陪要坐在客户的右手边，这样便于沟通。既然要沟通，开场语、谈话内容、沟通主题、达成结果、最后总结等环节，都要有规定。

比如这样说："王总，非常感谢您来到我们公司，请允许我用十分钟时间跟您汇报和分享我们的主题。今天我们这个会议重点讨论三个问题，第一个是服务方面，第二个是您的要求，第三个是交付时间。看看您还有什么补充吗？您有什么要求吗？"

最后还要做一个总结。

4. 离开环节的关键动作

关键动作是"立躬挥笑"，即站立、鞠躬、挥手、微笑。

必须看到客户的汽车消失在视线中，只要客户的汽车能够被我们看见，我们的手势和表情就必须保持。不要以为客户上车了，就转头离开了，这样是不符合标准的。

公司制定了以上标准后，如果有员工接待客户时没有穿西装打领带，这就是违反标准；客户来了，到停车场找不到人，就是违反标准；如果客户到了大厅，前台没有起立，没有微笑，就是违反标准；会议当中，如果没有正常的开场白，也是违反标准。

这些动作，作为追求品质的公司、追求品质的员工，都应该做到，如果没有做，就是违反标准。违反标准就不能保证品质，最后就造成了客户不满意。

（三）时间节点

规定了动作标准之后，再规定时间标准。

在每个环节，都要规定时间，规定完成动作的时间。

（四）写下来，照着做

第二次世界大战期间，美国飞机制造公司雇佣了一批黑人女工，让她们生产飞机引擎零件。这批黑人女工毫无技术基础，近乎文盲，让她们生产如此复杂、精密度要求极高的零件，能行吗？

出乎所有人的意料，这批文盲女工经过程序指导后，居然比以前雇佣的技术高超的技工所生产零件的质量更好。

为什么会有如此意外的结果呢？原来是管理人员对这项工作进行了程序化管理的改革，他们把这项工作分解成80个工序，按加工顺序安排好作业流程。然后让每个黑人女工都拿到一张详细的操作说明图，指导她们每个工序应该怎么做，操作过程中应注意哪些事项。

做一项工作都在过程分解后，找出关键动作，然后核定出最科学的次数和时间标准，最后还要让每个人都明白自己的工作流程。

因此，所有标准都要写下来，让人一看就明白、一听就懂。在我们公司，所有的标准都会贴在墙壁上。

每个岗位、每个程序都要有细化和量化的标准，这样你的品质就会有保证。

品质工具 9："标准"的风暴

A. 要把主观标准变成客观标准——做事不能从个人好恶和想象出发，一定要认真调查了解客户的所有要求，以客户的标准为标准。

B. 把抽象标准变成具体标准——将"好坏"的相对概念变成"对"与"不对"的具体标准。

C. 把笼统标准变成细分标准——一项工作的标准要从内容上、程序上、时段上、人员职责上细分，使各部门、各部分、各时段都围绕一个总标准，以达到自己的具体标准。

D. 把固定标准变成动态标准——及时把握跟进客户变化的情况，当客户挑剔时，要把他们当作最好的老师。

E. 把重物的标准变成重人的标准——不仅要让物质条件达标，更重要的是人的理念和工作要符合工作要求。

F. 把个人或部门标准变成系统标准——零缺

陷是以系统达标为基础的，系统中有一个人出错、一个部门拖后腿，整体就会出现缺陷。

表6－1 标准管理自检表

以下每项做到得10分，未做到得0分		
1. 公司在工作的任何环节都有量化和具体化的标准	□10分	□0分
2. 品质标准全部是按照客户的需求和要求制定出来的	□10分	□0分
3. 公司的品质标准高到近乎苛刻	□10分	□0分
4. 客户没有关于服务标准方面的投诉	□10分	□0分
5. 所有员工都知晓和理解公司的品质标准	□10分	□0分
6. 我没有看到或听说哪位员工不按公司的标准办事	□10分	□0分

第六招
零缺陷日

一、品质宣誓大会

2011 年 3 月，双汇"瘦肉精"事件爆发，这个全国最大的冷鲜肉企业被置身于水深火热之中，一个月内损失超过 100 亿元。有人说，双汇可能会成为第二个三鹿。

然而就在这个生死关头，双汇启动了一项应急机制，召开了一次万人大会。

2011 年 3 月 31 日，双汇把上万名员工召集到现场，同时到场的，还有经销商和全国三十多家媒体的五十多位记者。双汇集团董事长在会上向消费者致歉，并将每年的 3 月 15 日定为"双汇食品安全日"，他向所有民众保证，绝不再发生品质问题。

举这个例子，我要表达的重点是：一个企业既要从内提升品质，还要对外宣扬品质，我们需要向所有人表达我们对品质的决心。

零缺陷日就是要公开表明我们提升品质的一种决心、一种承诺。要把一个重要的日子，确定为公司的零缺陷日。

1992 年我创业的时候，创办了一家叫风驰的广告公司，到 1993 年我就意识到，品质是我们的核心问题，没有品质就没有利润。于是，我就确定每年 7 月 3 日是我们的品质日。

在品质日那天，我们邀请公司所有的核心客户，同时邀请我们的供应商、经销商，邀请政府监督部门、媒体记者，我们还邀请了优秀员工的家属代表，还有一些相关的顾问人士。邀请他们到来的目的，就是做一次隆重的品质宣誓大会，我们叫"零缺陷工作日"。

在这个会议上，我代表公司向外界正式宣告，我们公司永远追求品质、提升品质，并且必须保证让客户满意，做到符合标准、零缺陷。

二、要么品质要么死

在零缺陷日大会上，我们用两种方式表达决心：一种是宣誓，另一种是承诺。

要向客户承诺：从今天起，对于我们公司的任何产品和服务，我们都绝对保证品质，而且品质保证建立在客户满意的前提上。如果从今以后，任何产品服务有一点差错，都可以随时向公司领导层投诉，要求公司给以十倍返还。

当时，我们给出两个承诺：一个是十倍返还，另一个是一分钟内解决问题。

我们在会议上表明决心，我带领全体员工宣誓，所有员工一起举起右手，大声说出来："品质就是我们的生命，我们要用生命去捍卫品质！"

接下来是我个人做承诺："李践从今天起保证第一次做对、做好，保证没有缺陷！"

每年的7月3日，我们都会举行庆典活动，在这个活动中，我们将表彰对提高品质有特别贡献的员工：全年度没有差错、让客户高度满意的员工，我们会颁发各种品质奖金、奖励和荣誉证书。我们还会把誓言承诺等

环节做成录音带，做成 DVD 记录下来，发给每一个子
公司，发给我们的供应商。

我们也会要求供应商向客户做承诺，也就是让客户
看到，不仅是我们向客户做出承诺，我们的供应商、经
销商，都会向客户保证品质。

品质承诺是向社会公开的，客户在监督我们，同时
政府、媒体、任何人都可以监督我们。

我们封死了所有的退路，为抓好品质必须破釜
沉舟！

品质工具 10：零缺陷日工作要点

1. 设立零缺陷日。

2. 召开品质宣誓大会。

3. 在公众面前做出承诺，并留好记录。

4. 现场展示自己的产品品质和服务品质，展示团队的精神面貌。

5. 召集供应商、经销商共同参与、共同承诺。

表 6-2　零缺陷日管理自检表

以下每项做到得 10 分，未做到得 0 分		
1. 公司有零缺陷日制度	□10 分	□0 分
2. 你有向社会公开承诺品质的底气和决心	□10 分	□0 分
3. 你的供应商、经销商同样具有向社会公开承诺品质的底气和决心	□10 分	□0 分
4. 所有员工真正认同捍卫品质的理念	□10 分	□0 分
5. 在每年的零缺陷日，你确实组织召开了品质大会	□10 分	□0 分
6. 公司员工确实在用行动捍卫品质	□10 分	□0 分

第七招
设定清晰的目标

国家质量奖

20 世纪以来，随着人们对产品质量的重视，各个国家纷纷设置国家级质量奖，旨在促进企业质量管理水平不断提高，国际上最有影响力的三大质量奖项就是美国国家质量奖、日本戴明奖和欧洲质量奖。

美国国家质量奖（US National Quality Award）又称波多里奇奖，是美国联邦政府为了鼓励企业提高产品质量，增强美国产品在国际市场上的竞争力，于 1987 年设立的。这一奖项从 1988 年开始正式评选，参评对象包括制造业企业、服务业企业和小企业。

日本的质量奖主要包括日本品质奖、戴明奖和日本品质奖励奖（包括 TQM 奖和品质革新奖），在国际上影响比较大的是戴明奖。戴明奖（Deming Prize）是日本科学技术联盟（JUSE）于 1951 年设立的奖项。戴明奖的本奖旨在奖励在质量管理的理论研究和应用研究方面，或是在质量管理的理论普及方面做出突出贡献的个人；戴明奖的应用奖则是为了奖励在开展质量管理方面取得显著成绩的企业。

欧洲质量奖（European Quality Award）是由欧洲质量管理基金会于 1992 年设立的一项质量奖励制度，其宗旨在于奖励特别重视全面质量管理的组织，并鼓励其他组织以他们为榜样。

2013 年 12 月 16 日，首届中国质量奖颁奖仪式在北京航天城举行。这是中国质量管理领域的最高荣誉，每两年评选一次，主要表彰在质量管理模式、管理方法和管理制度领域取得重大创新成就的组织，以及为推进质量管理理论、方法和措施创新做出突出贡献的个人。

目前，世界上已有 88 个国家和地区设立了国家质量奖，对推动质量管理理念传播，引导企业提高质量管理水平发挥了重要作用。

做任何事情都要设立目标，目标有多高，收获就有多大，提升品质也是如此。我们要设定一个清晰而具体的目标，不断提高产品品质的标准，最终向着赢取"国家质量奖"迈进。具体到企业内部管理的时候，如何通过设定目标来提升产品品质，实现品质管理目标呢？我们总结了以下四个步骤。

第一步，做好客户满意度和失误率的追踪和调查，确定目前产品的客户满意率和失误率。其中，客户满意度就是产品体验达到客户期望值的比例，失误率则是产品或服务过程中出现失误的比例。比如，经过调查，首先确定目前我们的客户满意度达到90%，失误率是10%。

第二步，设定近期的目标——在未来六个月，我们的目标是客户满意度提高到95%，失误率从10%降低到5%。

第三步，设立中期目标——12个月以后，客户满意度达到98%，失误率和差错率控制在2%。

第四步，设立远期目标——36个月以后，客户满意度达到99.9%，产品的差错率控制在0.1%。

提升品质不是一天的事，有了极致目标、终极目标和长期目标，我们要让每个人看到，必须分阶段去努力。

表 6－3　品质改进目标计划表

月份	改进项目名称	存在问题	原因分析	改进措施	负责部门、人员	配合部门、人员	完成日期	项目改进目标	项目级别
1 月									
2 月									
3 月									
4 月									
5 月									
6 月									
7 月									
8 月									
9 月									
10 月									
11 月									
12 月									

品质工具 11：品管竞赛

　　有了目标，如何保证实现目标呢？在客户满意度上我们采取哪些措施？怎么去防范和控制失误？后面的章节我们会讲到很多品质管理的武器。比如说，"六西格玛""5S 运动""五个为什么""四个及时""五项检查""六个动作"等。

有了目标，就要有对应的方法和措施。

在行动教育，有品管竞赛的机制，就是在每个组、每个部门中谁的客户满意度最高，公司就要奖励谁。而且，当月满意度最高的项目、满意度最高的部门、满意度最高的员工都要列出来，然后评季度的、半年的……品管竞赛的目的就是要把标杆建成标准。

标杆是什么？就是在团队竞赛当中成绩最好的那一位，把他的标准竖成标杆，推广成为我们团队的标准。要在团队里面形成你追我赶、为客户满意而努力的氛围，然后实施改进，追求极致品质。

水滴石穿，品质管理是坚持的力量。

目标必须非常明确，要让所有员工都能看到。目前公司的客户满意度是多少，失误率达到多少，在哪些环节有失误，都必须明确知道；要采取哪些措施防范，推行什么制度来纠错，都必须清清楚楚。

表6-4　目标管理自检表

以下每项做到得10分，未做到得0分		
1. 公司在品质管理方面设定了目标	□10分	□0分
2. 公司各部门能够为品质管理制定清晰的目标	□10分	□0分
3. 公司所有员工都了解和知道自己在品质管理上的目标	□10分	□0分
4. 公司有目标考核的完备机制	□10分	□0分
5. 公司的目标考核制度能够全部执行	□10分	□0分
6. 通过目标管理，公司的客户满意度在不断提升	□10分	□0分

第八招
组织保证

即使是丰田汽车这样的标杆企业，如果在品质管理上稍有疏忽，也会翻船。

2009 年，在发生"召回门"事件之后，丰田公司的应对措施是什么呢？他们成立全球品质特别委员会，委员由各本部的部长、各地区的品质管理首席执行官组成，社长丰田章男亲自出任委员长。他们争取品质改善的举措主要有：

将车辆品质的评价流程延长至四个星期；

增加负责质量评价的员工人数和参评车辆台数；

在产品开发流程中的六道品质关卡处，增加监查功能，并成立一个从产品开发阶段就始终保持独立的技术小组，站在顾客角度对产品做出监查；

启动"设计品质改善部"，负责将顾客意见迅速反映到设计环节；

各地区的品质管理首席执行官直接听取顾客的意见，并反馈到开发、采购、生产技术等所有业务流程中。

只有伟大的组织，才能创造伟大的胜利，品质管理需要组织保证。

在品质管理过程中，我们需要三个组织：一个是品质委员会，一个是监督委员会，另一个是品质改进委员会。

一、品质委员会

品质委员会有三大功能：

（1）制定公司的品质管理标准；

（2）审核产品提案是否符合品质要求，有一票否决权；

（3）对所有品质问题进行反馈。

在我们的公司里，每月 5 日，品质委员会都要定时定点开会。在定期例会上，我们会对这个月所有的品质问题进行反馈。

品质委员会结构

总经理	副总经理	部门经理	员工	员工
↓	↓	↓	↓	↓
主席	副主席	品管教练	品管专员	品管责任者

（1）有没有达到我们的目标？

（2）客户满意度达到多少？

（3）哪些客户反馈存在障碍？障碍在哪里？怎么解决？

（4）在品质提升方面要采取哪些措施？

（5）责任者是谁？要奖励谁？要纠正什么？

（6）公司需要做哪些培训、哪些跟进、哪些提升？

公司最高的品质管理标准应该由品质委员会来制定。例如，我们公司规定，在服务大客户时，产品提案提交之前，必须经过品质委员会审核通过；一项措施制定前，品质委员会有一票否决权，他们认为有可能导致品质出现差错，必须解决后再实施。

二、监督委员会

品质管理还要有第三方的监控，成熟的公司都会设立品质监督委员会。

在我们行动教育集团，我曾在董事会上提出，品质管理是董事会的核心工作之一。我们每个月在做绩效评估的时候，必须把品质管理作为一个重要指标来评估，同时要看到监督委员会在品质管理上的反馈情况。

我们会在董事会里面找一个代表，由董事长或副董事长牵头组建监督委员会，同时指定一些不同级别的管理者作为监督代表。

（一）监督委员会的构成

监督委员会由董事长、集团总部副总或同级别人员一名、部门经理一名，以及员工代表若干名组成。

（二）监督委员会职责

监督委员会有以下两项主要职责：

（1）根据品质委员会的提案，审核当月已经达成的

目标内容；

（2）对于没有达成的目标，监督委员会要做出提案报告。

监督委员会也要召开监督委员会会议，在我们公司，每月召开一次，时间是每月第四周的周二。

设立监督委员会，这对于处在发展初级阶段的企业更为重要，因为在企业初级阶段品质管理还没有走上正轨，没有建立明确的标准，或者是标准还不够科学具体，标准还不够高，在这种情况下，你必须要投入时间和精力进行专门的检查和跟踪。

三、品质改进委员会

同样的会议开三百多次，你有这样的经历吗？

我就是这样过来的。

在我们行动教育集团，每一次课程结束后，会务总监、场内场外总监、授课老师、组织者，以及会务活动具体负责人要组成品质改进委员会，必须在 24 小时内组织召开品质改进会议，每位与会者必须针对教学内容、服务标准、授课流程等所有相关的工作提出建议，而且每人不能少于三条改进措施和建议。

赢利模式课程到现在已经讲过三百余期了，在六年时间里，我都在讲赢利模式这一个主题，并且我也开了三百余次这样的改进会议。

当然品质改进会议并不是简单的重复。我发现，每一次召开会议之后，都有新的突破、新的改进，所以说品质管理绝对不是一次性就能建立标准。品质来自于我们每个人、每个环节都追求卓越，超出客户的希望。

品质管理是一蹴而就的吗？不是！有了最好，还有更好，达到卓越，还要超越！

因此，目标不是用来达成的，而是用来设定并超越的，这就是品质改进委员会的核心职责。

品质改进委员会的成员由项目负责人及项目参与人员构成，以不断召开品质改进会议为抓手，达到不断改进产品质量的目标。像我们赢利模式课程，一个产品，一个项目，有300次的改进，就有300次的会议纪要。

每当我们即将开办下一期课程的时候，第一件事就是召集品质改进委员会成员，把上一次品质改进会议的内容拿出来讨论，看哪些地方需要提升，哪些地方需要完善，怎样进行改进，并且保证在同类问题上，绝不能再犯第二次错误。

品管无处不在，人人都是品管，人人都要对品质负责。

在我们团队，一个班组就是一个品管组，一个团队就是一个品管团队，一个项目就是一个品管项目。

品质管理要从上到下，同时又要由下到上，品质来自于持之以恒、循环反复、持续改进。

品质工具 12：品管小组会议报告表

表 6-5　品管小组会议报告表

填写日期：

小组名称		会议地点		会议议题		
参加人员						
会议情况			评价			
1	组员提高质量的决心		优	良	一般	不佳
2	组员发言的踊跃程度					
3	组员在活动中实现自我提高的程度					
4	会议最后达成一致的情况					
5	组长有效领导的水平					
上一个品质改进方案的完成情况						
本次会议提出的品质改进意见、目标和完成时间						
下次会议的召开方式（主题、工作分配、时间、具体事务）						
下次小组会议预定（时间、主题）						
小组长		填表人		部门经理		

表6-6 组织管理自检表

以下每项做到得10分，未做到得0分		
1. 公司设有品质委员会	□10分	□0分
2. 公司设有品质监督委员会	□10分	□0分
3. 公司设有品质改进委员会	□10分	□0分
4. 公司的品质管理组织由最高管理者亲自主抓	□10分	□0分
5. 公司各级品管组织能定期汇报发现的品质问题，并及时处理品质问题	□10分	□0分
6. 公司的品质改进会议能定期召开，并最终能解决问题	□10分	□0分

第九招
零缺陷制度

一、破窗理论

有这样一个试验：将两辆外形完全相同的汽车停放在相同的环境里，其中一辆的引擎盖和车窗都是打开的，另一辆则封闭完好，原样保持不动。

一天以后……

三天之后你就会发现，打开引擎盖和车窗那辆车已经被人破坏得面目全非，而另一辆车则完好无损。

这时候，实验人员在好车的窗户上敲了一个洞，只需要一天时间，车上所有的窗户都被人打破了，车内的东西也全部丢失。

这就是著名的"破窗理论"，其结论可以归结为：既然是坏的东西，让它更破一些也无妨；对于完美的东西，大家都会不由自主地维护它，舍不得破坏；而对于残缺的东西，大家会加大其损坏程度。

正如墨菲定律所说的，凡事如果能出错，就一定会出错。如果容忍错误发生，就会真地导致错误发生。

所以，我们必须建立起零缺陷制度，这样才能保证品质管理保持长久完美。在企业品质管理中，要把单纯的事后控制变为事前预防、事中控制、事后总结与提高的工作模式。零缺陷制度有以下要点：

（1）珍惜向你投诉的客户，他们是意见领袖；

（2）对缺陷零容忍，零容忍才能零缺陷；

（3）不断收集有关品质的反馈；

（4）建立品质分级表彰制度；

（5）建立惩罚制度。

二、珍惜你的意见领袖

1993 年，我在风驰公司推行零缺陷工作日、零缺陷制度时，打算设立投诉电话，但是用哪一个电话号码却一直定不下来。我想，设立投诉电话的目的就是要知道客户对我们有哪些意见建议，从而来帮助我们解决问题。

那么，如何才能更加直接和简单呢？

那就是要保证总经理能第一时间知道客户的反馈，所以我下定决心要把总经理的移动电话设成投诉电话。当时总经理就是我，而我只有一个手机号码，当时的手机话费非常贵，收费也是双向的，但是我知道，如果得不到客户的直接反馈，出现品质问题的代价将更加昂贵。

我们经常看到投诉电话，甚至是 400、800 开头的投诉电话，显得很正规，然而当我们满怀期望地拨过去，结果怎样？对方会说：要调查、要了解、要分析、要汇报、要请示等，会一拖再拖。

这样满口托词、打太极，投诉电话还有什么价值？

既然客户有投诉，你还要走这么一大堆程序，让客户等待一个没有结果的反馈，这样的投诉能解决问题吗？只会造成对客户更大的伤害，让客户欲哭无泪，对你的品牌也将深恶痛绝。

投诉电话要由企业管理者来接，有以下两个目的：

第一，表明企业管理者以身作则，能带头保证客户的品质。如果客户有问题，马上就能找到负责人，总经理会马上处理，马上解决问题。

第二，我们仔细想一想，客户什么时候会投诉？研究资料表明，真正会投诉的客户占比只有4%，另外96%的客户都不会投诉。比如说，客户对一家餐厅印象不好，下次就不会来了；觉得一个品牌的车不好，就不会再买了；对售后服务不满意，就再也不用了，但是这种情况下客户不会去投诉。所以，那4%投诉的客户，我们应该把他们尊为意见领袖，他们是我们的稀缺资源。

我通过接听投诉电话，可以直接了解到我们的核心客户投诉的真正原因：第一，他想和你长期合作，对你期望值很高；第二，他对你很信任，有较高忠诚度，害怕你以后再次伤害他的感情，所以他确实是在为未来着想，为你着想，所以他才会投诉。

三、总经理的手机是热线

有一天，我接到一个投诉电话，感觉对方非常生气，他首先问我这是投诉电话吗？我说是啊。他说我们公司要做一个广告招牌，等你们做出来后，我们表示不满意，让你们重做，你们却明确表态不重做，而且现在电话都不接了。

我记录完情况以后告诉他，给我五分钟的时间。

我马上找到服务那个客户的员工，把他叫到办公室，这个员工带着一叠很厚的资料进来了。进来就跟我说："李总，我早就知道他会投诉。他们公司要在楼顶上做招牌，我们的设计方案出来以后，拿给他们董事长看，董事长说招牌上的字太小了，要重新改大，我们设计人员告诉他，如果改大的话可能会不平衡、不协调。他们董事长非常生气，指着我们的员工说，做还是不做，一副盛气凌人的样子。"

员工为什么拿来一大叠资料给我？原来，这些资料是对方董事长签字确认的验收单。招牌做出来后他们发现，文字比例确实不好看，这时董事长没有出面，办公室主任出面了，又说要重新做。重新做就意味着多支出一笔14万元的费用，而且还要花15天的时间。

我反问他："你为什么不接电话？"他回答说："这不关我们的事！"你看，这就是我们前面提到的品质管理禁用语！"品质是什么？品质要让客户满意，符合标准，零缺陷，但这次我们没有让客户满意。什么叫

责任？责任是绝不找借口，而我们这次却找了借口。"
我质问他："你既然服务于客户，你和客户之中，谁
比较专业？既然是你更专业，为什么不坚持？你明明
知道客户是错的，为什么还要做？你知道他是错的，
所以你特意留了那么多证据。但是这个性质更坏！这
就叫陷害客户！实质上，你陷害的客户，最后也陷害
了你自己！"

我马上给客户回电，承诺帮他们全部按要求重做。
对方非常吃惊地问我是谁，他可能前面找了很多人，都
没能解决问题。我说我是公司的董事长，他放心了。

投诉电话谁来接？不同的人，他的标准、能力、高
度和魄力都不同，如果这个投诉电话让一般的员工接，
后果就完全不一样。

从 1993 年开始，我就坚定地发现——品质管理是
一把手工程。之后，我从传媒行业做到房地产业、软件
业，再到教育培训，全部按照这个要求，将总经理的电
话设置成投诉电话。

四、全部都要打分

一个课余时间替人割草打工的男孩，在学校宿舍里打电话给陈太太说："您需不需要割草？"

陈太太回答说："不需要了，我已经有割草工了。"

男孩说："我会帮您拔掉花丛中的杂草。"

陈太太回答："我的割草工也做了。"

男孩又说："我会帮您把草与走道的四周割齐。"

陈太太说："我请的割草工也做了，谢谢你，我不需要新的割草工人。"

男孩便挂了电话，此时男孩的室友问他："你不是就在陈太太家割草打工吗？为什么还要打这个电话？"

男孩说："我只是想知道我做得有多好！"

每一项客户服务都要有反馈、有评估，才有可能知道自己的长处与不足，然后扬长避短，改进品质。

在日常生活中，无论你是办理银行业务、通信业务，还是电话咨询业务，在接受服务之后，一般都有评估。有时候我们觉得这是流于形式，但即使这种评估没有追根究底，也是一种约束，一种让员工在品质管理上担起责任的机制。

所以，我们必须建立反馈机制。

我在从事广告业的时候，产品安装完毕以后，客服中心都会发一个电子邮件，请客户对我们的业务做评估反馈。在评估反馈表上，我们列出整个服务的流程：设计、调研市场、服务、生产、施工、售后维修等。另外，客户在采用我们创意的广告以后，有没有增加知名度？知晓率达到多少？是否有效地提升了销量？提高销量的比例有多少？这些都要打分。

在我们行动教育集团也一样，每一次课程完毕以后，我们都要向学员发放评估表，针对老师讲的工具、方法、流程、内容，评估授课效果如何，有没有按照我们的承诺履约，有没有解决问题，能不能为学员提升利润、提高效率，能不能降低成本，而且提升多少效率，降低多少成本，都要按照我们的流程和标准授课机制，进行打分。

在评估过程中，3分表示"满意"，2分表示"一般"，1分表示"不满意"。如果出现2分，一般由副总裁与学员沟通，询问这个项目为什么是一般，在授课的交付过程中，有哪些不满意的地方，不满意原因是什么，必须追踪透彻。如果客户打的是1分，这时候总经理和总裁必须要跟踪这个项目。

表6-7 广告业务评估表

客户名称：_____ 项目名称：_____ 评估时间：_____

评 估 内 容	评分标准：3分为满意 2分为一般　1分为不满意
对设计部的设计方案是否满意？	□3分　□2分　□1分
对市场调研的结果是否满意？	□3分　□2分　□1分
对整体服务的过程是否满意？	□3分　□2分　□1分
对生产部门是否满意？	□3分　□2分　□1分
对施工单位是否满意？	□3分　□2分　□1分
对所有的时间流程控制是否满意？	□3分　□2分　□1分
广告投放后销售总额是否有所提升？对提升幅度是否满意？	□3分　□2分　□1分 销售额提升为：_____
广告投放后知名度是否有所提升？对提升的幅度是否满意？	□3分　□2分　□1分 知名度提升为：_____

每周公司的晨会完毕以后，我们都会把这一周以来的客户反馈表统计结果公布。本周内我们服务的客户有哪几家，参与服务的员工有哪些，全部列出来。客户在什么时间填的评估表，每一个环节的分数是多少，反馈

有哪些需要改进的，然后进行全员通报，并且做到全过程透明、全员跟进。

品质工具 13：品质管理奖惩制度

（一）品质管理奖励制度

在行动教育集团，我们会根据员工在服务品质上的成绩，授予不同的证书。

● 一级品管证书：一年当中工作让客户满意，品质方面无差错、无缺陷。

● 二级品管证书：两年以内工作让客户满意，没有差错，无缺陷。

● 三级品管证书：三年以内工作让客户满意，没有差错，无缺陷。

● 品管教练：三年以上一直保持让客户满意，没有差错，无缺陷。

我们企业管理者必须兼任品质管理教练，总经理就是品质管理总教练，副总经理就是品质管理副总教练，部门经理就是品质管理经理，员工要成为品质证书的拥有者和品质管理的专家，这样才能做到品质管理人人有责。

有人问，如果十年时间都能保持让客户满意呢？如果员工在这么长时间内保证工作没有缺陷，那么我们就会授予其品质管理大师的称号，公司还将予以重用和重奖。

（二）品质管理惩罚制度

在我们之前的赢利模式课程上，有一个训练环节："三大作风"训练，如果一个学员达不到标准，我们会处罚整个小组，要一起练习 10 遍"三大作风"。设置团队处罚之后，基本上全场就没有再出错的学员了，所以团队处罚比个人处罚更有效。在其他问题上出错，我们的处罚都是针对个人的，但是如果出现品质差错，我们不会针对个人处罚，而是针对团队全员。

如果出现了品质差错，首先总经理要负责任，然后每个人都要承担相应相应的责任：

（1）总经理扣发奖金 5%；

（2）分管的副总经理扣发奖金 15%；

（3）分管的部门经理扣发奖金 30%。

当然员工也要承担责任，但不是承担所有的经济责任。

处罚的目的就是要让大家知道，所有的品质差错都将导致从下到上、从上到下的全员处罚。团队处罚的效果是当一个人犯错时，会导致整个团队付出代价，团队成员的压力可想而知。

而这也恰恰说明了品质的特征：牵一发而动全身。一旦品质出错，整个团队都要遭受损失。品质来自于环环相扣、全局意识和整体合作，不是个人的问题。

（三）品质管理进阶表

表6-8 品质管理进阶表

序号	工作项目	无知期	觉醒期	启蒙期	懂事期	成熟期
1	主管对品质的认识	将品质好坏归责于品管部门	认识到品管有价值，但舍不得投入资金和时间	认识到品管的价值，主动支持品质管理工作	参加品管活动，扮演核心人物	将品管工作纳入公司管理制度
2	品管部门的地位	设置在制造部门内部	隶属于制造部门	将品管部门地位提升，向高层管理者直接汇报，品管经理在公司里担当主要角色	品管部门经理成为公司高层人员，对品质问题采取预防措施，参与处理顾客投诉	品管部门经理是公司董事，将提升品质作为工作重点
3	对问题的处理	问题发生后各部门互相争论，没有结果	设立专门小组解决问题，但经常没有结果	推动品质流程制度设立，建立有效沟通渠道，有序推进治标治本	问题发生后各部门协作处理	有专门的全面品质管理小组，一般情况下都能防患于未然
4	品质成本占销售额的百分比	没有概念（实际可能达到20%）	报告30%，实际18%	报告18%，实际12%	报告6.5%，实际8%	报告2.5%，实际2.5%

（续表）

序号	工作项目	无知期	觉醒期	启蒙期	懂事期	成熟期
5	品质改进行动	没有组织化的活动，宁可牺牲品质也要赶工期	靠品质管理小组的短期激励和努力，修改不合格产品后再出货	品质管理有步骤或计划，过程不断改善	认真执行品质管理要求和计划，不良品都在掌握之中	认识到品质改善是一种正常和持续的活动，是日常管理内容之一
6	公司对品质管理状况的总结	我们不知道有品质问题	真的经常有品质问题出现	通过管理层的承诺和对品质管理工作的改进，我们正找出和解决问题	防止问题发生是我们经营中例行工作的一部分	零缺陷

表6-9 零缺陷制度管理自检表

以下每项做到得10分，未做到得0分		
1. 你拥有确保产品零缺陷的决心	☐10分	☐0分
2. 公司拥有服务反馈的评分制度	☐10分	☐0分
3. 每一项服务都要有反馈	☐10分	☐0分
4. 你收到客户对任何一项服务的反馈通道都是顺畅的	☐10分	☐0分
5. 公司在收到客户投诉意见时能迅速处理，立即给出整改期限	☐10分	☐0分
6. 对于品质无缺陷的员工和部门，有清晰的奖励制度	☐10分	☐0分

第七章 三招应用——炼成品质"黑带"

当我们在心态和理念上都建立起成熟的品质管理基础时，不过是刚刚走完了提升品质的第一步，操作层面上的方法还有很多需要掌握。

提升的品质方法和工具非常多，我通过多年的实践检验证明，"三个五"管理是最核心的三种武器，也是提升品质的第三大重点。

何为"三个五"？"三个五"的威力体现在哪里呢？

一位武林高手跪在武学宗师的面前，接受得来不易的黑带。这个徒弟经过多年的严格训练，终于在武林中出人头地。"在授予你黑带之前，你必须接受一个考验。"武学宗师说。"我准备好了。"徒弟答道，他以为可能是最后一个回合的挑战。"你必须回答最基本的问题：黑带的真正含义是什么？""是我习武生涯的结束。"徒弟答，"是我辛苦练功应该得到的奖励。"武学宗师等待着他再说些什么，显然他不满意徒弟的回答。最后他开口了："你还没有达到拿黑带的要求，一年以后再来。"

一年以后，徒弟再度跪在宗师的面前。"黑带的真正含义是什么？""是本门武学中最杰出成就和最高荣誉的象征。"徒弟说。武学宗师等啊等，过了好几分钟，徒弟还是不说话，显然他还是很不满意。最后说："你仍然没有达到拿黑带的要求，一年以后再来。"

一年以后，徒弟第三次又跪在宗师的面前。宗师又问："黑带的真正含义是什么？"学生答："黑带代表开始，代表无休止的磨炼、奋斗和追求更高标准的过程的起点。""好，你已经可以为接受黑带而开始奋斗了。"宗师说。

精通一门武功，需要无休止的磨炼和奋斗，而掌握一种管理方法，更需要不断的超越和提高。

在前面的章节中，我们修炼了提升品质的两大核心，共九种技能。其实，这不过是刚刚走完了提升品质的第一步。我把第三个核心叫作"三个五"管理，包含了风靡全世界的三个提升品质的重要方法：

- "5S"；

- 五步改进法；

- 五个为什么。

第十招
"5S"

记得一位老总曾问过我："我参观过许多外资企业，他们的现场管理状况与水平让我十分羡慕。为了提升管理水平，我们花费近十万元及一年的时间进行 ISO 9000 的咨询与认证，认证后每年还要花钱进行外审。我不怕花钱，但花钱要有效果。我本来寄希望于 ISO 9000 国际质量管理体系给公司带来很大的变化，但是现在我很失望，公司混乱的生产现场仍然没有什么实质性改变。"

在日常工作中，有很多小细节，比如工作环境脏乱，东西摆放没有秩序，很少有人意识到，这些都可能成为品质的隐形"杀手"！

常见的品质隐形"杀手"，如表 7 - 1 所示。

表7-1　常见的品质隐形"杀手"

隐形"杀手"	导致问题	品质后果
机器设备布满灰尘，保养不到位	减少机器的使用寿命，降低精度	无法保证产品质量
原料、半成品、成品和报废品存放位置不固定	导致混料、用错原料，增加了失误率	产品出现品质问题
办公室桌面上东西乱放，没有次序	增加寻找时间和丢失的概率	工作效率下降
工作人员着装仪容不整	给顾客带来不适感	导致服务品质下降
工作场所混乱	员工情绪低落，心情不好	导致生产和服务品质下降

"5S"是品质管理中最常用的方法，也是最容易使用的方法，效果立竿见影。日本企业早在第二次世界大战后，就开始使用这种方法，将"5S"作为管理工作的基础，产品品质得以迅速提升。

品质无小事。工作场所脏乱，代表工作效率低下、产品品质不稳定及种种浪费行为。日本管理专家使用了一种消除脏乱、提升品质的武器，这就是推行"5S"。

"5S"是五个日语词汇整理（Seiri）、整顿（Seiton）、清扫（Seiso）、清洁（Seiketsu）、素养（Shitsuke）的首字母缩写，可以说是生产与品质管理中最重要、最基础的一个环节，是品质管理最有力的武器。

"5S"针对的是生产环境、工作区域，而最终的目的是提升产品品质和员工工作效率，以达到提升产品和服务品质的管理目标。下面我们就一起来修习"5S"的精要。

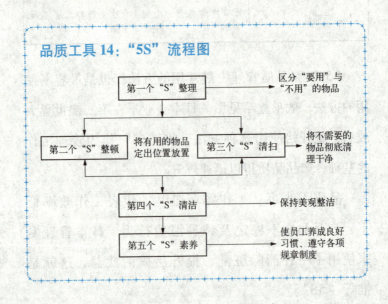

品质工具14："5S"流程图

第一个"S"整理 → 区分"要用"与"不用"的物品

第二个"S"整顿 ← 将有用的物品定出位置放置 → 第三个"S"清扫 → 将不需要的物品彻底清理干净

第四个"S"清洁 → 保持美观整洁

第五个"S"素养 → 使员工养成良好习惯、遵守各项规章制度

一、第一个"S"整理：打开你的空间

工作这么忙，哪有时间推动"5S"啊？

忙是我在推动工作中听到的最多的一个托词，我们都在忙些什么呢？

深入到没有进行"5S"管理的现场去看一看，你就知道了。维修人员为了找到一个合适的内六角扳手，在工具柜里找了五分钟，结果拧螺丝只用了五秒钟。为了查找一份资料，技术人员要在资料室里蹲一个上午……这样的情况是不是普遍存在于我们的工作中呢？是不是因为没有推进"5S"，才降低了我们的工作效率，降低了我们的品质呢？

东西摆放位置不固定，各种物品混放在一起，造成了我们随时都在找东西，所以"5S"的第一式应该是整理。

第一，要对我们的物品有区分，确定是"要"还是"不要"。在我们的工作现场、生产车间、办公区域，有很多东西都在浪费我们的时间、空间。

有一种方法叫"红单作战"，即公司内任何员工都

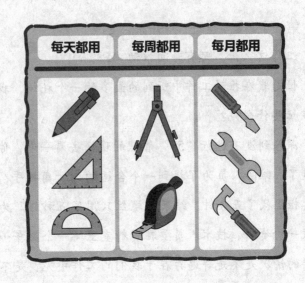

可以使用红色标签，对公司各个角落的"不需要物品"进行发掘。

第二，对物品按照使用频率进行分类，要相互区别对待。要把每天要用的、随时都用的，放在手边，让它们随手可得。对那些一周用一次的、一月用一次的，放在较远的地方以节省空间，而对那些一个季度、一年都不用的，要放进仓库或丢弃。

品质工具 15：物品区分标准

表 7-2　物品区分标准

使用程度	使 用 频 率	处 理 方 式
低	过去一年没有使用过的物品	丢弃或卖掉
	过去 6~12 个月中使用过一次	放回仓库
中	在过去 2~6 个月中使用过一次	放回仓库
	一个月使用一次以上的物品	作业现场集中摆放
高	一周使用一次的物品	保存在工作现场附近
	每天使用的物品	放在工作现场
	每小时都要用的物品	随身携带

二、第二个"S"整顿：动作精细化

在我们公司，秘书给我送资料的时候，我们有一个规定：必须要放在我的右手。因为我右手接到资料后，拿到左手仔细看的时候，我右手就可以签字了。签完字以后，用左手把看完的资料放在左边，右手再拿来其他资料，动作是循环往复的，但如果把资料放在我的左手，就多了一个动作。

　　丰田生产方式创始人大野耐一说过一句话：我们当作工作的事情，只有一半是有用的，不论你看到一个人多么繁忙地工作，其中一半的时间都没在工作，他不过是在活动身体而已，这种浪费是很了不得的。

　　要让我们每个动作都成为我们的工作，工作就等于我们的成本，在每个工作过程当中，如果你的动作多余，那成本就会升高。

　　因此，"5S"的第二式是整顿，整顿要解决的问题就是用还是不用，以及如何用。

　　在整顿过程中，我们有三个标准，一个核心。

　　三个标准：

　　什么地方；

　　什么物品；

　　数量多少。

　　一个核心：动作精细。

三个标准	▶ 什么地方 ▶ 什么物品 ▶ 什么数量	一个核心	▶ 动作精细

地方、物品和数量，这些标准都要从效率的角度出发。整顿就是要使动作精细化，要缩减距离，对于我们使用的物品要一目了然。

在我们的工作区域，只摆三样东西：电脑、笔记本、电话。电话在左侧，电脑在右侧，因为左手拿电话，右手要记录；电脑在右侧，因为右侧方便看。

在整顿环节中，包括我们手的高低、身体的方向、脚的位置、眼睛的视线、先后的顺序，都要标准化，从而让提高一个人的效率带动整体的效率。

品质工具 16：办公室的五分钟"5S"活动

表7-3 办公室的五分钟"5S"活动内容

序号	活 动 内 容
1	检查你的着装状况和整洁度
2	检查是否有物品掉在地上，将掉在地上的物品捡起来，如橡皮、回型针、文件及其他物品
3	整理和彻底清洁桌面
4	检查存放文件的位置，将文件放回规定的位置

（续表）

序号	活　动　内　容
5	扔掉工作中不需要的物品，包括抽屉内的私人物品
6	检查档案柜、书架及其他办公家具等，将放置不恰当的物品调整过来
7	用抹布擦干净电脑、传真机及其他办公设备
8	固定可能脱落的标签
9	清洁地面
10	扔掉垃圾篓内的垃圾
11	检查电源开关、门窗、空调等是否已关上

三、第三个"S"清扫：五分钟改变世界

东汉时期，有一个名人叫陈蕃，有一天，他父亲的朋友薛勤到他家做客，薛勤一边与陈蕃寒暄，一边随意走进了陈蕃的书房。看到屋子里的书扔得到处都是，墙角挂满了蜘蛛网，连空气也显得污浊。

薛勤皱着眉头说："年轻人，屋子这么乱，为何不打扫打扫呢？"陈蕃满不在乎地回答："大丈夫的事业要轰轰烈烈，哪有心思来打扫一间小小的书房呢？"薛

勤反驳说："年轻人，你很有大丈夫的气概，但是你连书房都不打扫，又怎能去扫天下呢？"

薛勤走后，陈蕃沉思起来，觉得他的话很有道理。于是，陈蕃更加勤勉努力，从身边小事做起，最终成为一代名臣。

一个人连打扫房间的耐心都没有，何谈胸怀天下、改变世界呢？同理，一个企业，连办公区域都无人清扫，有资格去谈自己的品质多么高吗？有资格去谈自己的愿景有多么美好吗？所以第三个"S"应该叫清扫。

在什么时间，如何清扫，清扫什么位置，清扫的标准是什么，都要做出具体的规定。

我们每天都要清扫，并保持整洁。

每天工作结束后，必须用五分钟时间来检查我们的工作环境，是不是达到了整洁的标准？每周的最后一天，要用20分钟来做全面的环境检查；每月最后一个工作日要花60分钟时间做更大范围的清扫和检查。

我们必须保证每一个区域、每一片工作环境，都是整洁、干净的，而且各种物品要简洁、有序。

品质工具 17：生产现场的五分钟"5S"活动

表 7-4　生产现场的五分钟"5S"活动内容

序号	活 动 内 容
1	检查你的着装状况和整洁度
2	检查是否有物品掉在地上，将掉在地上的物品捡起来，如零件、产品、废料及其他物品
3	用抹布擦干净仪表、设备、机器的主要部位以及其他重要地方
4	擦干净溅落或渗漏的水、油或其他污渍
5	重新放置那些放错位置的物品
6	将标示牌、标签等擦干净，保持字迹清晰
7	确保所有工具都放在规定的位置
8	处理所有非必需品

四、第四个"S"清洁："洁癖"帮助你提升品质

著名演说家卡尔森有一个名为"快乐总部"的办

公室，他在办公室里养了一缸热带鱼，放了几张妻子与孩子的照片和一幅别人特地为他创作的画，窗外则是一个喂鸟架，经常有小鸟飞来啄食。

在这样的办公室里工作，心情当然是快乐的，去拜访他的人都会爱上他的办公室，也会感觉心情好多了，于是喜欢上他这个人，所以谈生意的成功率非常高。

做完前面的"3S"之后，我们接下来所需要的就是养成"洁癖"的习惯，用心维持劳动成果。

如何维持？就是前面提到的——一切"5S"流程都要标准化！

你制定办公桌的清洁标准了吗？你规范工作车间的清洁标准了吗？

针对清洁环节的每一个工作流程，你有没有制定标准？而且这些标准要全部拍成照片，用影像给出具体的回答。

（1）在相同位置选取不同时间拍摄的照片，前后做出对比；

（2）拍摄日期要求注明，既便于存档，也便于比较前后的效果；

（3）明确清洁环节要完成的任务，"5S"的成果一定要清晰量化，不能使用模糊词语。

实施巡查的标准为：

（1）制定"巡查规程"和"巡查记录表"，由专门人员组成巡查小组；

（2）组织定期和不定期巡查；

（3）针对问题及时进行有效整改。

品质工具18："5S"检查评分表

表7-5 "5S"检查评分表

被检查部门： 检查日期：

序号	项目	检 查 标 准	评分
1	地面通道	1. 通畅无杂物	
		2. 通道标识规范，划分清楚	
2	墙壁、天花板	1. 无手印、脚印	
		2. 无蜘蛛网	
		3. 无乱涂乱画	
		4. 悬挂物品整齐、端正	

（续表）

序号	项目	检 查 标 准	评分
3	电	1. 灯管、电扇、开关盒等无损坏，无灰尘	
		2. 电线、开关盒、线槽等安装紧固	
		3. 无乱接电源线现象	
4	窗	1. 玻璃明亮，无灰尘	
		2. 窗帘、窗台干净无尘	
		3. 无玻璃破损	
5	门	1. 有拉或推的标志	
		2. 有部门识别标识	
6	桌子椅子	1. 桌面上文件、用具摆放整齐	
		2. 桌子、椅子不随意放置	
		3. 计算机设备上无灰尘	
7	电话	1. 保持干净	
		2. 电话上贴有本机号码	
8	垃圾桶	每日清除，保持干净	
9	管理看板	1. 看板无破损、脏污	
		2. 看板资料填写完整，不过期	
		3. 有明确管理责任人	
10	工作台	1. 无灰尘、油污、水渍	
		2. 工作台上物品摆放整齐有序	
11	人员	1. 厂服穿着整齐，厂证佩戴端正	
		2. 态度和蔼，谈吐文明	

（续表）

序号	项目	检查标准	评分
12	水	1. 洗手台上无杂物	
		2. 水龙头用后关紧，能够节约用水	
		3. 管道顺畅无泄漏	
		4. 茶杯放置整齐	
13	料区	1. 准确标识物料放置区	
		2. 存放的物料与标示牌一致	
		3. 物料摆放整齐	
		4. 良品与不良品分别存放	
14	消防设施	1. 灭火、消防器材确保完好，放置位置符合消防要求	
		2. 定期检查，专人负责	
		3. 灭火设施附近无障碍物	
15	设备	1. 明确标识号码，且挂有检查表	
		2. 油、水、气、电路紧固，无泄漏	
		3. 机台上无杂物、锈蚀等	
16	工具	1. 工具已登记在一览表上	
		2. 摆放整齐，清洁安全	
		3. 指定管理责任人	
		4. 设备、工具放于规定位置	
17	标示	1. 标签、标示牌与物品和所存放区域一致	
		2. 标示牌清楚完整、无破损	
		3. 设备故障时要悬挂专门标识	

（续表）

序号	项目	检 查 标 准	评分
18	其他	1. 不良品分类放置	
		2. 维修工具要定位，摆放整齐	
		3. 磅秤、叉车停放于规定位置	
		4. 屋角、楼梯间、厕所无杂物	
		5. 清洁工具放置于规定位置	
		6. 机器暂停时应关掉电源	
		7. 标明"5S"责任人	

检查员	被检查部门	得　分

五、第五个"S"素养：让"5S"成为习惯

如果你让一个员工每天擦垃圾筒，并要求每隔两小时擦一次，那么可能会出现下面的结果。

在日本丰田工厂，这个工人会严格遵守规定并在记录表上做好记录。

在中国丰田工厂，这个工人开始时会严格遵守要求，并在记录表上做好记录，第二周他会每四小时擦一次，但是记录部分会填上，第三周会一天擦一次，第四周会两天擦一次。后来干脆就不擦了，但是记录会填好，再后来记录也会不填了。

在推行"5S"的过程中，很多企业并不是一帆风顺的。在连续不断地做好前面的"4S"之后，我们也要通过第五式——素养，来教育、激励员工养成习惯。

"5S"的效果是通过"素养"实现的，如果不能克服不良习惯，将前功尽弃。

管理者要以身作则，最高管理者不但要发布"5S"宣言，还应带头参与5S活动，倡导群策群力，带头发现问题和解决问题，从而让员工和每一个合作伙伴养成"5S"习惯。培养员工的"5S"素养有以下四招：

（1）举行"5S"会议——用早会的形式激励员工，明确员工在"5S"当中的职责。

（2）展开"5S"竞赛——不断总结"5S"实施以来的得失，开展征文、成果展示活动，对"5S"活动先进个人和集体予以奖励。

（3）加强"5S"宣传教育——解释推行"5S"中出现的疑惑，分享成功经验，组织干部或部分有疑问的员工现场观摩其他"5S"推行比较成功的企业。

（4）设定"5S"活动日。

品质工具19："5S"责任制

公司领导的"5S"责任：

（1）相信"5S"活动是公司管理的基础；

（2）参加"5S"活动的有关教育训练与观摩；

（3）以身作则，展示公司推进"5S"的决心；

（4）担任公司"5S"推进组织的领导者；

（5）担任"5S"活动各项会议的主席；

（6）仲裁有关"5S"活动的争议问题；

（7）掌握"5S"活动的各项进度与实施成效；

（8）定期开展"5S"活动的上级诊断或评价工作；

（9）亲自主持各项奖惩活动，必要时发表全员讲话。

"5S"实施流程七步法：

第一步：高层支持。公司主管要带头要推行"5S"管理。

第二步，消除障碍。让员工意识到"5S"对于品质管理的重要性。

第三步，设定目标。分别设定月目标、周目标，通过目标分解，推动层层实施。

第四步，建立组织。成立"5S"委员会、监督委员会。

第五步，宣传教育。在全公司宣传普及"5S"理念、方法和要求，打牢"5S"的全员思想基础。

第六步，讨论评估。探讨"5S"方法的优劣，形成"5S"活动的业务讨论氛围。

第七步，持续改善。在推行过程中定期总结经验，不断提升效果。

六、脱胎换骨的企业

在海尔公司，每一个生产车间都可以看到一个大脚印，那是一块 60 厘米见方的图案，红框白底上印着两个脚印，在脚印的正前方高悬着"6S"标语：整理、整顿、清扫、清洁、素养、安全。

"6S"大脚印制度是海尔公司实行多年的"日事日毕，日清日高"管理办法的主要内容，它比"5S"多了一个"S"——安全。

大脚印的具体使用方法是：在海尔生产车间，如果有谁违反了"6S"要求中的任意一条，下班开会的时候就要站到大家面前的两个脚印上自我反省，负责人要说明情况并教育批评。会议结束以后，当事人在得到负责人的允许后才能离开。

这种基于羞耻文化的管理制度，通过负激励的方法有效规范了员工的行为。后来，制度发展到每天当班表现优秀的员工也要站在脚印上，介绍自己的经验体会，海尔称这种做法叫"正激励"。

争强好胜的员工们很乐意站在大脚印上介绍自己工作经验，所以站在"6S"大脚印上的演讲者越来越多，这种方式受到员工的普遍欢迎，"6S"大脚印班前会、班后会等方法已经深入到海尔每一个员工的血液中。做到了"6S"，就可以在大脚印上介绍自己的好做法，成为别人的榜样，他们感到非常骄傲。做不到"6S"，他们就会在大脚印上检讨自己的问题所在，警示同事，直到现场班组的所有人都达到"6S"要求。

有一家企业，在实施了"5S"管理一个阶段之后，对公司各项指标重新做了统计后发现，他们在五个方面都有了大幅度提升，如表7-6所示。

表7-6　成果提升情况表

项　　目	成　　果
效　率	提高 30%
时　间	节省 20%
空　间	节省 30%
成　本	下降 10%
误差率	降低 0.2%

企业管理者感慨地说："这让我们有一种脱胎换骨的感觉！"

"5S"不仅是一个品质武器，而且是砍掉成本的武器，提高团队凝聚力的武器，提高效率的武器，我们必须要将"5S"进行到底！

表7-7 "5S"进阶表

"5S"项目	阶 段			
	第一阶段	第二阶段	第三阶段	第四阶段
整理	将需要、不需要的东西进行分类，不需要的东西要彻底丢弃	需要的东西分类摆放，并按照使用时间、使用目的进一步分类	重新确认以及制定相关规定	落实并维持标准化，做到持续改善
整顿	地方、物品和数量的要求要从效率出发	物品摆放要求精细化，能缩短距离，节省时间	按照使用目的分类，物品要一目了然	
清扫	初期大扫除	找到清扫困难的地方并明确对策	明确脏污出现的原因并制定对策	
清洁	将不符合卫生要求的东西处理掉	进一步改善环境	成为一种卫生活动	
素养	将"4S"养成习惯，遵守基本的工作场所规定			理想的工作场所，活泼开朗的员工

品质工具20："5S"工具箱

（1）定点照相

所谓定点照相，就是在同一地点，面对同一

方向，进行持续性照相（其目的就是对现场的不合理现象，包括作业方式、设备、流程与工作方法等进行连续性记录），从而推动连续性改善的一种方法。

(2) 红单作战

通过使用红牌子让工作人员都能一目了然地知道工厂的缺点在哪里，贴红单的对象包括库存、机器、设备及空间，使各级主管能一眼看出什么东西是必需品，什么东西是多余的。

(3) 看板作战

通过合理设置看板，使现场工作人员能一眼就看到何处有什么东西，有多少数量，同时也可将整体管理的内容、流程以及订货、交货日程或工作进程，制作成看板，使工作人员易于了解，从而增强时间观念和流程意识。

(4) 颜色管理

颜色管理就是借助员工对色彩的分辨能力和

特有的联想力，将复杂的管理问题简化成不同色彩，区分不同的程度，以直觉和目视的方法呈现问题的本质，以及问题改善的情况，使每一个人对问题都有相同的认识和了解。

表 7-8　"5S" 管理自检表

以下每项做到得 10 分，未做到得 0 分		
1. 你认可"5S"管理可以提升品质	□10 分	□0 分
2. 公司已经在实施"5S"管理	□10 分	□0 分
3. "5S"管理已经给公司带来了变化	□10 分	□0 分
4. 公司在"5S"实施过程中能不断提升和总结	□10 分	□0 分
5. 公司有一整套确保"5S"实施的流程和规章制度	□10 分	□0 分
6. 公司最高管理者带头推行"5S"管理	□10 分	□0 分

第十一招
五步改进法

20世纪80年代初期，美国的手机生厂商摩托罗拉面临着一场生死危机。他们发现，公司的产品越来越比不上日本的产品，全球竞争力急剧下降，公司面临倒闭的危险，管理层想了很多招法，都无济于事。

后来，管理层决定从品质入手，下决心要把生产的失误率降低到最低的极限——百万分之四，从而提高客户满意度。于是，他们尝试了一种全新的管理方式。

让管理层都始料未及的是，这种新的管理方式让摩托罗拉在1987—1997年的十年间，每年销售额大幅度增长，净利润增长了70%，节省成本140亿美元，平均生产效率提高了12.8%。紧接着，许多大公司发现了摩托罗拉公司的这个"法宝"，都开始大范围学习和推行。

这是一种什么样的神奇武器呢？

这就是后来风靡全球的"六西格玛"管理，创始企业就是摩托罗拉，它成为品质管理的最高典范。

"Sigma"来源于希腊字母"σ"，统计学用来表示标准偏差，在品质管理中，用来表示质量特性对目标值的偏离程度。六个"sigma"是一种表示品质的统计尺度，也可以解释为"每一百万个机会中只有 3.4 个出错的机会"，即合格率达到 99.99966%。

所以，"六西格玛"是一项以数据为基础，追求几乎完美的品质管理武器。

通用电气（GE）在推行"六西格玛"后，利润率从 13% 增长到了 17%，每年节省成本 8.5 亿美元。其中，GE 照明业务一个团队减少了 98% 的发票错误和争端，GE 金融服务业务团队简化了合同审查过程，从而加快了交易过程，提高了对客户的响应效率，每年还能节约 100 万美元。杜邦、联邦快递、强生等公司，无论是制造业，还是服务业，很多大公司都实施并受益于"六西格玛"。

这种武器的核心就是将所有的工作都作为一种流

程，采用量化方法分析流程中的影响因素，找出最关键的因素并加以改进，从而达到更高的客户满意度。

一、"六西格玛"的精髓

齐桓公出外打猎，为了追一只鹿，追进了一个山谷。他不知山谷为何处，恰好遇见一位老者，就问老者："这是哪里？"老者回答说："这是愚公谷。"齐桓公又问："为什么叫这个名字？"老者说："这是用我的名字来命名的。"齐桓公疑惑不解地问："我看你毫无愚蠢之相，为什么说自己是愚公呢？"

老人慢慢地回答说："我曾经喂养了一头母牛，母牛下了一头小牛。后来小牛慢慢长大了，我就牵到集市上换了一匹小马。在回家的路上，一个年轻人看到小马，就说你养的是一头牛，牛是不能生马的，你这匹马莫不是偷来的，于是强行把我的马牵走了。后来乡邻们知道了这件事，都把我叫作愚公，而我住的这个山谷就成了愚公谷。"桓公听后也说："依我看，你的确愚蠢，你为什么要让那个年轻人把马牵走呢？"

第二天上朝时，齐桓公把这件事讲给他的相国管仲听。管仲一听，脸色变得严肃起来。他向齐桓公下拜并请罪说："在君王的管辖范围之内竟然出现这样的事情，这是我的过错啊！如果天下太平，怎么会有人敢强抢人家的马匹呢？即使有这样的情况，被欺凌的老者也会找地方评理的。如今那位老者知道诉讼处理不公正，遇到巧取豪夺的人，只好把小马给他。这不是一个老头是否愚蠢的问题，而是社会治理不好的问题。"

"头痛医头，脚痛医脚"，就是讽刺那些只看表面现象的人。丢马不是老人愚蠢，而是没有搞清问题。有时，我们为了追求结果，没有耐心花时间去研究分析问题的根本原因，我们经常只花几分钟就提出问题，却花数月，甚至数年去解决一个不重要的问题！这样能真正提升品质吗？这时我们想想：究竟谁是最愚蠢的。

那么，如何才能发掘问题的本质并迅速加以改进呢？我有必要介绍"六西格玛"管理的核心手段——由美国品质学家戴明的品质管理方法演变而来，经我们多年实践总结的五步改进法，英文缩写为"DMAIC"。

D——界定

M——测量

A——分析

I——改进

C——控制

二、一个灯泡引发的五步改进法

我们公司有这样一种机制，每年用 10 天到 20 天的时间，让我们的每个伙伴、每名管理者，在公司的每道环节、每项服务、每个流程上，查找存在的缺陷和差错，真正找到品质问题之所在。

- 明确你将要改进的品质问题；

- 建立改进团队；

- 辨识问题的潜在原因，分析根本原因，找出解决办法；

- 让改进措施长期化；

- 展示并推广改进成果。

（一）界定：找出问题的根源

五步改进法的第一式是"界定"，顾名思义，界定就是找出问题的根源。在我们公司，对于每个岗位的工作流程，我们都要界定，把差错分成 I、B、C 三个等级，根据差错级别不同而采取不同的应对措施。

I——致命缺陷；

B——严重缺陷；

C——一般缺陷。

例如，我们在工程部的自我反省中找到一个致命缺陷，一个广告灯箱完工以后，发现灯泡在一年保质期内坏了，可能是因为下雨，或者是风吹日晒，也可能是其他原因，灯泡坏了并且我们没有及时发现，这给客户造成了损失。

工程部就必须要找出来问题的根源，比如首先要列出以下事项：

（1）涉及部门：工程部。

（2）对象：广告灯箱。

（3）何时：安装后八个月。

（4）何处：灯泡。

（5）涉及设备：灯箱的制作设备。

其次，还要列明原材料供应商、施工方、灯泡采购员，落实到具体责任人，如果这个灯箱是我们自己制造的，那么要找到负责生产的人；如果是外包制作的，必须要找到负责的供应商。

我们必须要把差错找出来，因为界定是问题的关键。

（二）测量：算出品质的代价

灯箱上一个灯泡坏了，代价是多少？有人说，不就是一个灯泡吗，需要费那么多功夫吗？当然，我们要通过以下环节的测量，看看一个灯泡的代价。

（1）广告画面出现瑕疵，广告传播效果降低的代价。

（2）检测成本、返工成本。

（3）可能会被客户退货，灯箱整体被回收的风险。

（4）灯箱收回后可能产生的库存积压带来的成本。

（5）时间成本。

（6）如果客户投诉，我们就要支付补偿金。

（7）对公司品牌和商誉的损害。

所以，"五步法"的第二式应该是测量，通过测量把所有的差错计算出来。你把这些代价计算出来，看看会是多少个灯泡！

当我们不理解品质代价的时候，我们就不会下定决心提升品质。

损失统计出来后，我们要换算成每月的损失代价，然后再换算成每年的损失代价。

（三）分析："三现"主义

五步改进法的第三式是分析。分析原因时，我们有一种思维方式，叫"三现"主义，"三现"指的是现场、现物、现实——一切从现场出发，来到现场，看到现物，才能抓住现实。

灯泡损坏的原因如何分析？到现场去！

我们要第一时间到现场，仔细检查与灯泡有关的任何一个环节：电源线是否断了？安装是否认真？胶水或封条是否存在问题？灯泡质量是否有问题？

现场出了问题，坐在办公室是解决不了的，坐在办公室里商量议论，拿出的决议很有可能是错误的。

大野耐一被日本人称为"日本复活之父"，著名的丰田生产方式的创始人。有一次，某个生产厂家邀请他去参观指导，大野向随行的陪同人员问道："这项作业大概需要多长时间？""15分钟左右吧。"职员们一般对现场不太了解，所以只是应付地回答了一下。可是，没想到大野先生却停下脚步，站在那里一直观察。15分钟后，作业仍然没有结束，于是他对随行人员说："好像还没有结束啊，因为工作方法中存在很多浪费才拖延了时间，所以赶快改善吧！"

很多时候，员工向大野先生汇报"改善已经完成"时，却总是被反问道："结果能否经得起推敲？"他曾经让一位自以为改善已经完成的丰田员工，在现场画了

一个圈，站在圈里一天半的时间去观察现场，结果这名
员工发现，改善远没有完成。

记住，树立"三现"主义的思维方式，就是要把
现场当作一张白纸，一切问题要都去现场寻找答案。深
入现场，仔细观察，发现问题，这才是实现品质完美的
必要环节。

在现场分析原因、寻找差错的过程中，我们要谨记
五个字——人、机、料、法、环，也叫"4M+E"法。

第一个 M（Man）——人员；

第二个 M（Machine）——设备；

第三个 M（Material）——材料；

第四个 M（Method）——方法；

最后一个 E（Environment）——环境。

（四）改进

分析出原因之后，就要马上改进。比如，上例中灯
泡熄灭的原因已经查明：封条有问题，问题出在采购
环节。

怎样去改进呢？在封条采购环节上改进，在日常检查上改进，在广告箱安装上改进，必须要提高标准，使用时限要远远长于我们对客户承诺的期限。

所以，我们要重新设定我们的标准。

（1）封条标准——保质期从一年以上提高到三年以上；

（2）采购标准——采购保质期为三年以上的材料；

（3）检查标准——以前没有灯泡封条方面的检查，以后针对这些关键环节必须要进行日常检查，要防患于未然。

（五）控制

"五步法"的最后一式是控制，要确保所做的改善能够持续下去，不能半途而废，这样才能避免错误再度发生。在过去许多流程改善方案里，往往忽略了控制环节，而在五步改进法中，控制是长期改善品质的关键。

控制环节需要注意以下几点：

（1）及时更新流程改进后的程序文件或作业指导书；

（2）设定项目改善的时间节点；

（3）制定定期的检查点，定期对项目改善情况进行检查；

（4）假如项目改善没有达到预期效果，继续从第一步界定开始，重新确定问题的根源并改进解决办法。

品质工具 21：GE 的 "六西格玛" 分级制度

在 "六西格玛" 管理实践中，GE 原总裁韦尔奇培养了众多品质管理人才，他们被称为勇士、大黑带、黑带和绿带。这些人员来自于企业的各个岗位，经过 "六西格玛" 的专门培训后，为 "六西格玛" 管理提供组织保障。

在每 1000 名员工中，拥有大黑带一名，黑带十名，绿带 50~70 名，他们的具体职责是：

（1）勇士：企业中分管 "六西格玛" 实施的高层管理者。负责部署 "六西格玛" 实施和全部支援工作；确定或选择 "六西格玛" 项目；跟踪或监督 "六西格玛" 的进展。

（2）大黑带："六西格玛"实施技术总负责。协助勇士选择项目；制订实施计划和时间框架表；向黑带提供"六西格玛"高级技术工具的支援；负责动员、协调和沟通。

（3）黑带：来自企业的各个部门，经过"六西格玛"革新过程和工具的全面培训，熟悉"六西格玛"革新过程，负责指导或领导具体的改进项目，对绿带提供培训和指导，一般黑带任期为两年。一个黑带每年完成5~7个项目，成本节约100万元左右。

（4）绿带：经过专门培训，在自己的岗位上参与"六西格玛"项目的人员。

表7-9 "五步改进法"管理自检表

以下每项做到得10分，未做到得0分		
1. 你相信五步改进法可以提升品质	□10分	□0分
2. 公司已经在使用五步改进法	□10分	□0分
3. 五步改进法已经给品质提升带来了效果	□10分	□0分

（续表）

以下每项做到得 10 分，未做到得 0 分		
4. 公司能在五步改进法实施过程中不断总结和提升	□10 分	□0 分
5. 公司有确保五步改进法实施的流程和规章制度	□10 分	□0 分
6. 如果发生品质问题，五步改进法是首选的处理原则	□10 分	□0 分

第十二招
五个为什么

问"五个为什么"是品质管理中最简单的一种兵器，简单到很少有人真的把它当成一种兵器。在我看来，真正能够用好这个兵器的人却并不多。

说来有些可笑，孩子们在应用这种兵器方面反而更加得心应手，他们总会很自然地追问"为什么"，直到问得你哑口无言。天空为什么是蓝的？地球为什么是圆的？大树为什么要向上生长？

很多时候，我们这些老于世故的成年人，早已问不出许多的"为什么"，似乎把一切都看成理所当然的。我们仅观察差错的表面现象，就去解决问题，而实质上很多问题都不在表面上。

问"五个为什么"没有太多的技巧，只需要连续

地追问下去。每一次你的回答都会导出另一个问题，反复追问之下，你才能找到根本原因。

比如，在车间地面上发现了一摊油，我们就可以试着问这样的"五个为什么"。

第一个为什么：为什么有一摊油？因为机器漏油了。

第二个为什么：为什么机器会漏油？因为垫圈坏了。

第三个为什么：为什么垫圈会坏？因为垫圈品质不好。

第四个为什么：为什么垫圈品质不好？因为价格便宜。

第五个为什么：为什么要买价格便宜的垫圈？因为采购员的绩效提成是以成本控制为标准的。采购员以购买便宜商品为导向，而不是以品质保证为导向，所以他是什么便宜买什么，而不考虑在实际生产中，垫圈损坏可能给公司带来的损失。

在"五个为什么"之后，找到漏油的原因，和我们当初想象的解决方案完全是不一样的。不是解决这摊油怎么擦掉的问题，因为擦了这摊油，下次还会再漏；换了垫圈，垫圈坏了还会再漏。要解决这个问题，就要改变采购员的绩效标准，不能以成本为导向，而要以品质为导向，在保证品质的前提下，再考虑节省成本。

在"五个为什么"中，一是分析问题，二是找出原因，三是分析原因后面的原因，最后方能找到根源，解决问题。下图是"五个为什么"中每一个"为什么"背后所显示的原因。

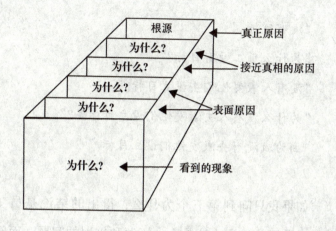

一、品质"追魂枪"

下面是我和公司一位总监的对话。

"近期业绩完成得怎么样?"

"不是太好。"

"为什么完成不好?"

"员工的业绩上不去。"

"为什么员工的业绩上不去?"

"他们不思进取。"

"为什么他们不思进取?"

"他们懒。"

"为什么员工会懒?"

"没有目标。"

"为什么员工没有目标?"

"没有人激发他们去设立目标。"

"为什么没有人去激发他们设立目标呢?"

"因为我没有去激发他们设立目标。"

如果我只问到第三个为什么,得出的结论是员工懒,素质不高,那么这是人力资源和培训的问题,而问到最后一个为什么的时候,我们就能够发现,问题的根源是领导者,因为领导者没有帮助员工去设立更高的目标。

所以,运用"五个为什么"时,一定要一问到底,一定要问到五个以上。

这种方法特别适用于分析具有以下特征的问题:

(1) 不需要大量的数据分析;

(2) 问题本身比较单一,但是因果关系不明朗。

有了这杆"追魂枪",所有的问题都会现出原形。或许,多问几个为什么,就是公司品质管理的真正差别。

二、让员工多问为什么

华盛顿广场上有名的杰弗逊纪念大厦（Thomas Jefferson Memorial）建成之后不久，墙面出现裂纹，最初大家认为损害建筑物的元凶是酸雨。进一步研究后却发现造成墙体侵蚀的最直接原因是每天冲洗墙壁所用的清洁剂对建筑物有酸蚀作用。

为什么要每天冲洗墙壁呢？是因为墙壁上每天都有大量的鸟粪。

为什么会有那么多鸟粪呢？因为大厦周围聚集了很多燕子。

为什么会有那么多燕子呢？因为墙上有很多燕子爱吃的蜘蛛。

为什么会有那么多蜘蛛呢？因为大厦四周有蜘蛛喜欢吃的飞虫。

为什么有那么多飞虫？因为飞虫在这里繁殖特别快。

为什么这里最适宜飞虫繁殖？因为每天开着窗户阳光充足，尘埃也比较多，大量飞虫聚集在此，超常繁殖……

只要关上一扇窗，就能解决问题，而不是去大动干戈，这是依靠"五个为什么"方法找到的根本原因。

因为简单有效，所以"五个为什么"的武器适用于生活的方方面面，也同样适用于公司的每个员工。在你的企业里，只有你一个人会刨根问底吗？员工有这种刨根问底的精神吗？

在丰田公司，每个员工每天都要运用因果关系的思考方式，连续想五次"为什么"。如果员工主动思考"为什么"，而且找到原因，管理者会再次问自己"为什么"，同样连问五次，从而仔细地分析原因，为企业找到提升品质的真正方法。

品质工具 22："五个为什么"的基本步骤

步骤一：识别问题。

问的内容：我看到了什么？听到了什么？了解到了什么？知道了什么？

步骤二：澄清问题。

问的内容：实际发生了什么？应该发生什么？

步骤三：分解问题。

问的内容：这个问题会导致其他问题吗？

步骤四：查找原因。

问的内容：我需要去哪里？我需要看什么？谁可能掌握有关问题的信息？

步骤五：把握问题的倾向。

问的内容：谁？哪个？什么时间？频率大小？数量多少？

步骤六：识别并确认异常现象的直接原因。

问的内容：这个问题为什么会发生？我能看见问题的直接原因吗？如果不能，我感觉什么是潜在原因呢？我怎么去核实最可能的潜在原因呢？

表7-10 "五个为什么"管理自检表

以下每项做到得 10 分，未做到得 0 分		
1. 你认同"五个为什么"的思考方式	□10分	□0分
2. 每次遇到问题，你都能坚持问五个以上的"为什么"	□10分	□0分

（续表）

以下每项做到得 10 分，未做到得 0 分		
3. 员工可以用"五个为什么"的方式去思考问题	□10分	□0分
4. 你采用"五个为什么"的方式能经常发现问题的本质	□10分	□0分
5. 发现问题本质后能马上处理	□10分	□0分
6. 做出处理后，该问题不再发生，而且能不断证明你掌握了这种分析方法	□10分	□0分

第八章　三招巩固——让品质成为习惯

一根小小的柱子，一截细细的链子，能拴得住一头千斤重的大象，这荒谬吗？可这看似荒谬的场景在印度和泰国却随处可见，因为小象是被链子拴住，而大象却是被习惯拴住。

习惯几乎可以决定一切！

在品质管理中，习惯的力量同样不可忽视，至为关键。

所以，养成习惯是提升品质的第四个核心。

去丰田参观学习的时候，我发现在丰田的生产车间和生产线上，每一个工作岗位旁边都有一根红色的绳索。我非常好奇，就问他们的陪同人员，这根绳子是什么？

据他们介绍，这根红绳叫"安东拉绳"，竟是他们的生命线！早在 1937 年，丰田汽车公司创始人丰田喜一郎接手父亲纺织厂的时候，总结出一个非常重要的管理手段：在纺织生产现场，只要发现断线，机器必须马上停下来，因为如果机器不停，这一批布就全部浪费了，全部都要返工。这一制度，后来也沿用到丰田汽车，他要求每一位员工必须把差错控制在自己的岗位上，如果出现任何问题，立即纠正。

当你发现任何瑕疵、任何问题、任何失误，必须拉动安东拉绳，生产线立即就会停止。这时，一个班的品质管理员会赶过来，在最快的时间内清除障碍。如果在五分钟之内不能解决差错，将会第二次拉动安东拉绳，这时公司的品质管理委员会，以及品管部的专员和专家，都会第一时间来到现场，一起来解决这个问题。

丰田要确保的就是，任何一个岗位对下一个流程必须要保证质量，不能让任何一道流程有任何一个失误，必须要及时纠错。

在丰田公司，发现问题时毫不犹豫地拉下这个拉绳，已经变成一种制度和员工的习惯，这也已经成为丰田管理的撒手锏和企业标志。

如何养成习惯呢？我这里有最后三招"必杀技"，也被称为"四五六管理"：四个及时、五项检查和六个动作。

第十三招
四个及时

一、及时纠错

  在我们公司发生过一件事情，让我感到及时纠错特别重要。

  一天，我在当地的媒体上看到一篇报道，有一个小孩放学以后，在人行道上撞到了一个户外广告牌，后来小孩的父母找到这家广告公司的负责人理论。然而，这个负责人说责任在小孩身上，因为广告牌一直以来都树在人行道上，也一直没有人撞到，是小孩自己调皮撞上去的。孩子的父母听到这个解释后，非常生气，就向媒体投诉，媒体就把这件事报道出来了。

  我看完以后，大吃一惊，因为这家广告公司就是当时我创办的公司——风驰传媒。怎么会发生这种事情？

第一，我没有接到投诉电话；第二，员工没有向我反馈这件事情；第三，看到报道以后，我才知道这个事情已经发生了。

我马上回到公司，并寻找那个接待小孩父母的人，原来是我们工程部的经理。我问他，你怎么解决的？工程部经理告诉我，员工已经处理好了，他们跟小孩子的父母说，那个广告牌已经安放三年了，是按照国家标准安装的，之前一直没有发生过类似的事情，为什么这个小孩会撞上去呢？

这时我就发现，其实我们的员工不是站在客户的立场考虑问题的。另外，当他们发现失误以后，第一个反应是掩盖问题，而且还有一个问题：他们不能及时以客户为导向来解决问题。

后来，我问工程部经理，为什么没有告诉我，他说当时你不在，我问他为什么不打电话？他无法回答。

这件事情说明，我们没有像丰田一样设置安东拉绳，在发现问题、发现障碍时，在损失客户利益时，没有人站起来立即纠错。

我先自己反省，因为这个问题最大的障碍是我自己，因为公司的制度没有给一线员工及时授权。从此以后，我痛定思痛，召开了全员品质管理会议，在会议上严肃表态：这种事情绝不能再发生。

这类问题的解决办法就是给一线员工授权：客户有障碍，必须第一时间解决；客户有问题，必须第一时间纠错，马上弥补；如果客户受到损失，要最大限度给予赔偿。要直接授权给第一线员工，在赔偿、纠错问题上，不需要向领导汇报，关键时刻不用再请示。

二、及时反应，及时反馈

有一次，我接到一位市民的来信，这位市民对我们公司的管理给予了非常大的认可和赞赏。

　　他说他骑自行车路过一个人行道，人行道下面有一个护栏，护栏上方在施工。他为了走近道，强行走进护栏，这时广告牌正在焊接，焊接的火星掉了下来，正好掉到他身上，衣服马上被烫了一个洞。他吃了一惊，心想还好没有受伤。

　　就在这时候，施工管理人员看到这个情况，马上走过来向他道歉，还表示这完全是施工方的责任，愿意立即赔偿，有什么要求尽管说。

　　他没有想到会是这样的结果，他穿的是旧衣服，再加上是自己明明看到警示牌还走进来，这不关施工方的事。但施工人员坚定地说公司有规定，只要造成了意外，我们必须赔偿。

　　这块广告牌的施工方就是我们风驰传媒。

　　这就叫作安东机制。

　　我们必须在问题暴露出来以后，第一时间做出反应。

　　接下来，我们员工先用自己的钱垫付，当场给了他100元。

这就是及时反应！

客户的感谢信主要向我们表达了两点：第一，衣服不值 100 元；第二，主要原因是他的失误，但是我们员工表现出来的及时纠错以及无理由承担责任的态度，让他感动。像这样负责任的公司，让他非常放心，他和朋友需要做广告的话，一定会来找我。

当我们发现问题以后，员工会第一时间拉动"安东拉绳"，如果五分钟之内解决不了，必须向品质管理部门的专家求救，或者向公司的品质委员会反馈情况，并通报给品质管理委员会主席，也就是公司的 CEO。不一定每个问题都需要 CEO 去解决，但是要让他知道，同时品质管理专员必须要第一时间到达现场。

除了及时报告问题之外，还要及时负责，在任何工作和客户面前，我们不能说不知道、不关我的事，必须要人人负责，绝不找任何借口。

三、及时负责

在众多的古城城墙中，人们发现，南京城墙的质量是最好的，至今每一块砖都完好无损。

这是为什么呢?

通过研究发现,明代在修建南京城的时候,管理极其严格。砖制好以后,必须经过一道检验程序:把两块砖用力相碰,没有裂纹才算品质合格。同时,还要在每一块砖上都刻下制作责任者、检查责任者的名字。因为法令有明确规定,如果品质出现差错,要追究这块砖的所有责任人,哪个环节出现疏忽,哪个环节的责任人就要被处以杖刑,严重的要斩首!

所以,高品质来自于追根究底,精益求精,要追踪到每一个细节,责任到人。

再跟大家分享一个我们公司的经验。

我们的产品和服务最终会体现为霓红灯广告牌和灯

箱，这些装点都市繁华的广告牌，都是全天 24 小时在室外风吹日晒，如何去保证产品在任何时刻都没有品质差错呢？

那就是依靠及时负责。

公司的任何一个员工，在任何地方、任何时间看到公司广告牌的任何一个品质差错，比如说汽车站的广告牌灯箱被人贴上了小广告，都会及时反馈，联系维修人员。

另外，我们公司每一天都有专门的巡查员，巡查员有时间标准，比如说晚上 7 点钟出发，7:05 到达一个车站，观察周围附近的广告牌和灯箱、霓红灯是否完好，7:15 到达另外一个路口，检查那个路口的广告牌、灯箱，7:45 到达另外一个路口，检查广告牌、灯箱……每天不间断巡查。

当然也有可能巡查员刚一走，小广告又贴上来了，怎么去防范呢？

这种情况下，我们就发动员工，甚至员工的家属，在任何时间，只要看见广告牌上有瑕疵、有遮盖、有差错、有失误、有缺陷，就可以立即拨打工程部的电话，工程部第一时间派人到现场，以最快的速度清除和修复。同时，还会奖励发现者 50 元。

我们公司有一位驾驶员，每天下班以后不回家，自己骑着单车在街道上巡查，特别是遇到天气不好时，甚至雷电交加、暴风骤雨的时候，他知道广告牌更有可能会出现问题，这种情况下他依然会去巡查，因为已经习惯了。

及时负责应该成为企业的一种激励机制，成为员工的一种习惯，让每一位员工都来帮助公司提升品质。

表 8-1　"四个及时"管理自检表

以下每项做到得 10 分，未做到得 0 分		
1. 公司有及时纠错的机制	□10 分	□0 分
2. 你已经授权给一线员工发现问题能及时处理	□10 分	□0 分
3. 你把及时负责作为一种企业的激励机制	□10 分	□0 分
4. 每个员工都明白自己的权责范围，知道在品质问题发生后自己该做什么	□10 分	□0 分
5. 你已经三个月没有发现员工隐瞒失误的举动	□10 分	□0 分
6. 你能不断收到员工及时处理品质问题的反馈	□10 分	□0 分

第十四招
五项检查

有一家生产笔记本电脑的公司，他们的生产中心在保税区。工人晚班的下班时间是晚上 10 点，这时候大家都肚子饿得咕咕叫，所以下了班一起去吃顿夜宵，就成了晚班的惯例。某天在整理物品时，一个工人突然发现地上有两个固定散热模组的螺丝钉，这意味着当天装配的笔记本中，有两台电脑的固定散热模组少装了螺丝钉！

尽管此时产品已包装好，尽管工人们又累又饿，但大家还是逐一拆箱检查，终于找到了缺少螺丝钉的笔记本电脑。

试想，如果操作工人发现了多余的螺丝钉却隐瞒不报，检验人员也不能保证百分之百抽查到，那么这批产品就会流通到市场，将造成严重的品质隐患。

工人的这种负责行为肯定来自于习惯，根据我们的经验总结，这是五项检查的习惯。

我们可以把每件事情分解成事前、事中、事毕、事后和全过程，确保每一个环节都有人负责检查。具体如表8-2所示。

表8-2　全过程检查表

	检查阶段	检查事项	检 查 内 容
1	事前	检验	在做任何事情之前，都要对上一道工序进行检验，如果不达标，坚决不接受
2	事中	检查	在工作进行过程中，必须保证你的这一道工序不出现差错
3	事毕	检测	做完以后，再次进行检测，确保没有差错
4	事后	检讨	小组必须做总结和讨论，看这项工作有没有提升的空间，能不能做得更好，能否进一步节省成本、节省时间、节省物料，提高我们的品质
5	全过程	监督	人人都是品质监督员，任何人发现品质问题时，都要立刻拉动安东拉绳，

公司品质管理的"五不"原则：

第一个不：不接受——不接受对产品品质有任何影

响的行为和上一环节留下的品质隐患。

第二个不：不制造——自己的岗位不制造差错。

第三个不：不流出——不向下一道工序流出差错。

第四个不：不犯错，出现差错时要检讨。

第五个不：无缺陷。

表8-3 "五项检查"管理自检表

以下每项做到得10分，未做到得0分		
1. 你向员工灌输了五项检查的理念	□10分	□0分
2. 每个员工都在履行五项检查要求	□10分	□0分
3. 每个员工都理解自己的五项检查职责，知道自己要检查哪些方面	□10分	□0分
4. 如果员工在五项检查中发现问题，能及时处理，没有将问题流向下一环节	□10分	□0分
5. 你能不断收到关于员工检查出问题的反馈	□10分	□0分
6. 所有员工都可以监督上一个环节的品质问题	□10分	□0分

第十五招
六个动作——每天进步 1%

在湖人队处于最低潮时，前洛杉矶湖人队的教练派特雷利告诉队员们说："今年我们只要每人比去年进步1%就好，有没有问题？"球员们心想：才1%，太容易了！于是，在罚球、抢篮板、助攻、抢断、防守五方面的统计数据都各进步了至少1%。结果那一年，湖人队居然获得了冠军，而且是夺冠最容易的一年。有人问教练，为什么这么轻松就得到冠军呢？教练说："每人在五个方面各进步1%，那么一个人就会进步5%，12人就是60%，一年进步60%的球队，你说能不得冠军吗？"

在这本书的最后，我想再次借用质量管理大师戴明的故事，为大家揭示品质的重要性。

在那次决定日本复兴命运的大会上，戴明除了提出品质复兴日本的理念之外，还提出了另一个重要方法，也是很简单的方法，就是"每天进步1%"。福特汽车一年亏损数十亿美元时，他们请戴明来演讲，戴明仍然强调，要在品质上每天坚持进步一点点，持续不断地进步，一定可以起死回生。结果，福特汽车照此定律贯彻执行三年之后，便转亏为盈，一年净赚60亿美元。

我们每个企业都有自己的品质目标，每个人都有自己的工作环节，如果我们也追求每天进步1%呢？

如果我们每天进步1%，30天就能进步33%，90天就达到了242%。

所以，每个人都要设定目标，前一天晚上设定明天的目标，这一周设定下一周的目标，这个月设定下个月的目标。设定目标以后，每人、每天、每件事都要对照标准、对照过程、对照成果，每天做这六个动作，每天做、每天改进，就能循环反复，螺旋上升。

表8-4　"三每三对照"表

	每天	每人	每件事
对照标准			
对照过程			
对照成果			

退一步讲，如果每天进步1‰，一年之后，你也进步了44%；两年之后，你就进步了一倍多；三年之后，你就进步了将近两倍；四年之后，你已经是原来的4.3倍；五年之后，你的"实力"是原来的6.2倍；十年之后的你，跟十年前相比，强大了38倍多！

如此巨大的进步，相信是任何一家企业都希望实现的。

我希望这本书能够为广大中国企业带来增强品质精神、提升品质管理的方法，帮助您的企业打造品质团队、品质文化！

表 8-5 "六个动作"管理自检表

以下每项做到得 10 分，未做到得 0 分		
1. 公司里的每个员工和部门都设有目标	□10 分	□0 分
2. 每个员工都知道自己每天的目标	□10 分	□0 分
3. 每个员工都能每天检查自己的目标完成情况	□10 分	□0 分
4. 每个员工都能依据检查目标的完成情况，发现自身的不足	□10 分	□0 分
5. 每个员工在发现不足后都能及时改进	□10 分	□0 分
6. 员工在改进过程中遇到障碍时，能得到上一级领导的及时帮助	□10 分	□0 分

品质工具 23：品质自检曲线

制度：有没有做到首见负责制？做到了得 10 分，做不到得 0 分。

理念：有没有将让客户满意转变成一种信念？做到了得 10 分，做不到得 0 分。

作风：有没有做到追求极致、认真、快、坚守承诺。做到了得 10 分，做不到得 0 分。

教育：对新员工、老员工、供应商和经销商，有没有进行品质教育？做到了得 10 分，做不到得 0 分。

在品质管理上，有没有坚持高标准、严要求，有没有找出关键动作，写下来，照着做？做到了得 10 分，做不到得 0 分。

有没有实施零缺陷日制度，有没有组织公开承诺和宣誓？做到了得 10 分，做不到得 0 分。

有没有追求极致品质的目标，是否以终为始追求极致？做到了得 10 分，做不到得 0 分。

有没有建立品质委员会？做到了得 10 分，做不到得 0 分。

有没有实施零缺陷制度，保证第一次就做对、做好？做到了得 10 分，做不到得 0 分。

有没有实施"5S"运动？做到了得 10 分，做不到得 0 分。

有没有实施五步改进法？做到了得 10 分，做不到得 0 分。

出现问题以后，有没有去追根究底？做到了得 10 分，做不到得 0 分。

有没有做到四个及时、五项检查，每人、每天、每件事都能对照目标、对照过程、对照成果？做到了分别得 10 分，做不到得 0 分。

总共 15 项工作，满分是 150 分。

如果以上的项目能达到满分，那么你的公司就是追求卓越品质的公司，要继续坚持，不断改进，你们一定会成为一家伟大的企业。

如果得分在 120 分以上，你们还是一家品质管理合格的企业，需要进一步改善。如果你的公司刚到及格线，甚至不及格，那么你们将随时面临被淘汰的危机。在品质问题上，我们不是要尽力而为，而是应该竭尽全力。我们每个企业家应该通过，也必须通过追求极致的实践，不断加强企业的品质管理，持续提升产品品质层次，来实现自己经营企业的理想和抱负。

附　录